Edda Meyer Berkhout

Plätzchen backen leicht gemacht

Cormoran

Die Rezepte sind, wenn nicht anders angegeben, für vier Personen berechnet.

Abkürzungen: EL – Eßlöffel
TL – Teelöffel
Msp. – Messerspitze
Pr. – Prise

Fotos:
Kurt und Jörg Sattelberger, Füssen
Umschlaggestaltung:
Heinz Kraxenberger, München
Printed in Germany

ISBN 3-517-09029-1

Inhalt

Ein Wort zuvor

Daß es immer wieder neue Plätzchenrezepte gibt, hat mehrere Gründe. Das Angebot an Grundzutaten für Kleingebäck wie Mehl, Zucker und Eier ist zwar seit Jahrzehnten gleich. Auch die Verwendung von Orangeat, Zitronat, Vanillezucker oder Mandeln und Nüssen ist seit langem üblich. Dennoch sind durch verbesserte Transport- und Konservierungsmöglichkeiten sowie neue Eßgewohnheiten Zutaten wie Pinienkerne, Pistazien, kandierte Früchte, aber auch Vollkornmehle, Sonnenblumenkerne und Rohzucker gebräuchlicher. Für die Dekoration von Kleingebäck steht uns heute ein ganz besonders reichhaltiges Sortiment zur Verfügung. Aber das ist nur ein Gesichtspunkt.

Uns erschien die Systematik der Herstellung von größerer Bedeutung als je zuvor. Wir möchten zwar gerne hausgemachte Plätzchen essen, wollen in der Regel aber möglichst wenig Zeit investieren und einen garantierten Erfolg erzielen. Das haben wir bei unseren Rezepten besonders berücksichtigt.

Plätzchen als kleine Häufchen mit Hilfe eines Teelöffels auf ein Blech zu setzen, gelingt auch Ungeübten mühelos. Genau so leicht ist es, den Teig auf ein Backblech zu streichen oder ihn mit Hilfe unserer Tricks entsprechend groß auszurollen und vor oder nach dem Backen unterschiedlich zu zerschneiden. Und selbst Kinder vermögen aus Teig dicke Rollen zu formen, die nach dem Kühlen schnell in Taler geschnitten werden. Auch die Angst vor dem Spritzbeutel wollen wir nehmen und zeigen, wie schnell man mit dessen Hilfe apartes Gebäck fabriziert. Vor allem der Kinder wegen geben wir Rezepte für tra-

ditionelle Plätzchen, die aus ausgerollten Teigen ausgestochen und hübsch verziert werden. Das ist für Weihnachten unverzichtbar. Wir hoffen, mit Hilfe unserer bewährten Tricks dieses oft als schwierig angesehene Unterfangen allen, die nach unseren Rezepten Plätzchen backen, zu erleichtern. Schließlich haben wir auch an Diabetiker gedacht, für die wir Rezepte erarbeiteten, die auch Übergewichtigen, Kalorienbewußten und Normalbürgern vorzüglich schmecken. Und nicht zuletzt gibt es pikante Naschereien.

Wir haben mehr als einen großen Sack Mehl, einen etwas kleineren Sack Zucker, diverse Beutel Mandeln, Nüsse, etliche Kilo Butter und Margarine, einige Körbe gefüllt mit Sultaninen, Schokoladentafeln und Gewürzen sowie über 240 Eier zu über 130 kg Gebäck verarbeitet, um die Plätzchen für dieses Buch zu testen. Über 120 Bleche wurden in unseren Backofen geschoben. Es gab Sorten, die bis zu zehn Mal mit unterschiedlicher Zusammensetzung gebacken wurden, denn wir wollten nur erstklassige Rezepte bieten. Sie sollen die Gewißheit haben, daß Sie, soweit Sie unsere Angaben genau befolgen, immer ein fabelhaftes Ergebnis erzielen werden.

Und dann wurden alle Plätzchen zum Fotografieren noch einmal neu und frisch gebacken. Sie wollen ja wissen, wie das fertige Produkt aussehen soll.

Wir haben genau notiert, wie viele Bleche ein jedes Rezept ergibt und was die Plätzchen wiegen, damit Sie vor dem Beginn Ihrer Arbeit eine Vorstellung von der Menge haben. Wir dachten dabei auch an die große Zahl von Kleinhaushalten, für die die Zutatenmenge halbiert werden könnte. Wir haben die Teige und auch das fertige Gebäck tiefgekühlt, um die beste Lagerung zu ermitteln

Schließlich haben wir für Sie die durchschnittlichen Kosten der einzelnen Sorten errechnet. Als praktische Hilfe für Ihren Haushalt.

Manche von Ihnen werden sich nun fragen, was wir mit der Flut von Plätzchen nur angefangen haben. Zunächst haben wir sie selbst probiert und kritisch beurteilt. Außerdem gab es viele Freunde und Nachbarn, die alle meinten, wir würden an unseren Vorräten ersticken. Sie aßen selbst im heißen Juli und August sehr fröhlich typische Weihnachtsplätzchen.

Wenn manche ihr Lieblingsrezept nicht in diesem Buch finden, so bitten wir um Nachsicht, denn wir mußten auswählen.

Einen lustig-bunten Plätzchenteller wünscht Ihnen

Ihre Edda Meyer-Berkhout

Wer will guten Kuchen backen, der muß haben...

Anis für die Weihnachtsbäckerei wird aus orientalischem Sternanis gewonnen.

Arrak für Punschglasuren wird aus Reis, Palm- und Zuckerrohrsaft in den Tropen gewonnen.

Backmischungen sind verhältnismäßig teuer, da Butter und Eier in der Regel ohnehin zugegeben werden müssen. Für unsere Rezepte ohnehin überflüssig.

Backpulver aus Natriumkarbonat, Trennmittel und Säure wird päckchenweise für je 500 g Mehl gehandelt. Ein Beutel enthält 4 TL; unter Luftabschluß aufheben.

Butter ist, auch als Kühlhausqualität, das ideale Backfett; kann durch Margarine ersetzt werden.

Butterschmalz entsteht durch Entzug des Wassergehalts der Butter.

Datteln im verschlossenen Glas aufheben, sie trocknen sonst aus!

Eier für unsere Rezepte sind zwischen 60 und 65 g schwer, gehören also der Handelsklasse 3 an. Das einzelne Aufschlagen ist in unserer Zeit eigentlich überflüssig.

Eigelb wiegt von großen oder kleinen Eiern immer rund 20 g und kann mit etwas Wasser bedeckt im Kühlschrank 2–3 Tage aufbewahrt werden.

Eiweiß im verschlossenen Schraubglas im Kühlschrank aufheben, sonst trocknet es aus. Nur in blitzsauberer Schüssel mit fettfreiem Schneebesen schlagen, Teige daraus bald backen.

Farinzucker, auch brauner oder Rohzucker genannt, ist durch Melasserückstände leicht feucht und typisch für dunkles Weihnachtsgebäck. In einem fest verschließbaren Glas aufheben.

Gewürzmischungen werden von Gewürzmühlen individuell zusammengestellt. Als eigene Mischung für Honigkuchen: 50 g Zimt, 25 g ganze Nelken, je 10 g Koriander, Anis, Piment oder Gewürzkörner und 7 g aus den Kapseln gebrochene Kardamomkörner, alles in einer Spezialmühle zerkleinern. Wie alle Gewürze in dunklen, luftdicht verschließbaren Behältern nicht zu lange aufheben.

Haferflocken: zum Backen nur zarte Schmelzware kaufen.

Hagelzucker zum Dekorieren ist aus grobkörnigen weißen Zuckerkristallen zusammengesetzt, schmilzt nicht.

Haselnüsse dürfen nicht ranzig sein. Zum Schälen etwa 5 Minuten im Ofen rösten, dann auf einen Seiher geben und schütteln.

Hefe: 42 g Frischhefe oder 1 Würfel sind durch 7 g Trockenhefe oder 1 Beutel ersetzbar.

Hirschhornsalz, nämlich Ammoniumkarbonat, ist als traditionelles Treibmittel für flaches Weihnachtsgebäck gedacht und kann gut verschlossen maximal 1 Jahr gelagert werden. 5–8 g pro 500 g Mehl.

Honig: nur beste Ware gibt dem Gebäck ein gutes Aroma!

Ingwer, Wurzel einer tropischen Pflanze, wird getrocknet, gerieben und in Süßwarengeschäften kandiert gehandelt.

Kardamom: Bestandteil von Gewürzmischungen.

Kakao: für die Bäckerei dunkle, schwach entölte Ware kaufen, nicht zu verwechseln mit Schokoladenpulver.

Kokosflocken werden im November und Dezember in Supermärkten frisch geraspelt verkauft, sind die übrige Zeit oft ranzig.

Koriander: wie Kardamom.

Kuvertüre zum Überziehen von Plätzchen gibt es in kleinen Portionen im Supermarkt und in großen meist preiswerter beim Hausbäcker. Nur im Wasserbad schmelzen, nie Wasser beifügen.

Mandeln können nach dem Überbrühen mit kochendem Wasser leicht geschält werden. Im feuchten Zustand lassen sie sich relativ leicht halbieren, stifteln oder feinblättrig schneiden. Geschälte Mandeln, die länger aufgehoben werden sollen, im Backofen trocknen, damit sie nicht schimmeln. Bittere Mandeln werden wegen des giftigen Blausäuregehalts in Apotheken gehandelt, auf 100 g süße Mandeln dürfen nur 3–5 Stück zugegeben werden.

Margarine: gute Pflanzenmargarine oder Diätmargarine verwenden.

Marzipanrohmasse gibt's als 200 g Packung im Supermarkt und kiloweise beim Hausbäcker. Zur Not aus 500 g geschälten und 25 g bitteren gemahlenen Mandeln mit 300 g Puderzucker und 50 g Rosenwasser selbst herstellen.

Mehl wird in der Regel aus Weizen in der Type 405 verwendet. Griffige Ware hat bessere Backergebnisse. Wer will, kann bei den Rezepten die mineralstoffreicheren Typen 1050 oder Vollkornmehl nehmen, muß aber die Flüssigkeitszugabe erhöhen.

Mohn erst kurz vor der Verarbeitung mahlen lassen.

Nelken sind ein typisches Weihnachtsgewürz.

Nonpareille: bunter Streuzucker für Gebäckverzierung.

Orangeat wird durch Kandieren von bitteren Orangen in Sizilien, Spanien und Südafrika gewonnen. In Plastik verpackte gewürfelte Ware ist relativ teuer und muß nochmals fein gehackt werden, trocknet aber nicht aus.

Paranüsse kommen aus Südamerika. Sie sind für alle Nußrezepte austauschbar.

Pinienkerne, meistens aus Sizilien, sind eine teure, aber hübsche Zutat für die Garnierung von Gebäck.

Pistazien sind wegen der hübschen grünen Farbe beliebt, werden aber schnell ranzig und sind recht teuer. Wie Mandeln schälen.

Pottasche muß als Kaliumkarbonat für typische Weihnachtsplätzchen frisch sein und wird immer mit Wasser angerührt.

Rosenwasser für Marzipanspezialitäten darf nicht zu lange auf den Käufer warten, weil es sonst das Aroma verliert. In der Apotheke vor dem Kauf einer Duftprobe unterziehen.

Rosinen sollten eigentlich Sultaninen heißen, denn nur diese sind als kernlose Ware zum Backen geeignet. Schwefelfreie Produkte kaufen.

Rum, aus Zuckerrohr in der Karibik oder auf den Philippinen gewonnen, gibt mit 54% Alkoholgehalt Teigen und Glasuren den gewissen Pfiff.

Salz: eine Prise gehört an jeden guten Teig.

Schokoladenpulver enthält im Gegensatz zur Kakao noch Zucker und Milchpulver.

Speisestärke aus Mais oder Weizen, wird unter den Firmenamen Maizena, Mondamin oder Gustin gehandelt und ist reine Stärke, enthält also keinerlei Kleber-Eiweiß. Macht Teige mürbe.

Süßstoff kann bei den meisten Rezepten einen Teil des Zuckers ersetzen, nicht aber bei Makronen oder Baiserteigen. Dafür eventuell Fruchtzucker verwenden.

Vanille ist die aromatische, fermentierte Schote einer tropischen Orchidee aus Mexiko oder Madagaskar. Für Vanillezucker eine Schote längs aufschlitzen und mit 250 g feinem Zucker in ein fest verschließbares Glas geben.

Vanillinzucker, meist in Päckchen, ist chemisch erzeugter Ersatz für echte Vanille.

Walnüsse, die Schweizer nennen sie Welsch- oder Baumnüsse, haben einen rund 45%igen Schalenanteil. Nach achtstündigem Lagern in schwacher Salzlösung lassen sich die Kerne besser knacken und die Hälften bleiben heil.

Zimt ist ein gemahlenes Rindengewürz aus den Tropen.

Zitronat ist die kandierte grüne Schale der Zedratzitrone aus Sizilien. Siehe Orangeat.

Zitronen: nur unbehandelte Früchte reiben. Für Zitronenzucker 5 Früchte reiben und mit 100 g feinem Zucker in ein festverschließbares Glas geben. Reste aus der Reibe mit einem Pinsel entfernen.

Zucker: möglichst feinen oder sehr feinen Zucker verarbeiten. Noch feiner ist Puderzucker. Harten Puderzucker in einen festen Plastikbeutel füllen, mit dem Rollholz zerkleinern. Luftdicht verschlossen aufheben.

Backofenweisheiten

Backofen zum Plätzchenbacken immer vorheizen!

Plätzchen auf der obersten oder zweitobersten Schiene backen. Bei Heißluftherden können 3–4 Bleche gleichzeitig gebacken werden.

Temperaturangaben:

Lauwarmer Ofen =	100–150° C
Mäßig warmer Ofen =	150–175° C
Warmer Ofen =	175–200° C
Sehr warmer Ofen =	200–220° C

Ein *Elektrobackofen* braucht zum Vorheizen:

bis 100° C	etwa 5 Minuten
bis 200° C	etwa 15 Minuten
bis 220° C	etwa 20 Minuten.

Beim *Elektroherd mit Stufenautomatik oder Schalterstellung* gilt:

4 oder U1 01 =	120° C
5 oder U2 01 =	170° C
6 oder U3 02 =	200° C
7 oder U3 03 =	240° C

Bei *Heißluftherden* 10° C weniger einstellen.

Ein *Gasherd* braucht zum Vorheizen etwa 8 Minuten.
Beim *Gasherd mit Stufenautomatik oder Schalterstellung* gilt:
1 = 130–160° C
2 = 170–180° C (erbsengroße Flamme)
3 = 190–210° C (bohnengroße Flamme)

Gebäck ist gar, wenn es gut aussieht, es sich mühelos vom Backpapier löst oder an einem Hölzchen keine Teigreste kleben bleiben.

Nach dem Herausnehmen Gebäck zunächst auf dem Rost auskühlen lassen, erst nach völligem Erkalten sortenweise verpacken.

Messen und Wiegen

Unsere Rezepte garantieren gutes Gelingen. Aber nur, wenn Sie die Zutaten genau abmessen und wiegen und sich nach den Arbeitsanweisungen richten.
Legen Sie sich ein farbiges, nicht zu übersehendes Lineal neben den Backplatz, damit die Zentimeterangaben wenigstens in etwa eingehalten werden können. Schätzen Sie bitte nicht das Gewicht der Zutaten. Auch Meßbecher können nur ungefähre Maße anzeigen. Die besten Resultate erzielen Sie mit einer elektronischen Waage, die den Vorteil hat, daß Sie den Teigbehälter unmittelbar auf die Wiegeplatte stellen können. So läßt sich genau und ohne lange Berechnungen exakt zuwiegen.

Abkürzungen

1 Pr. heißt eine Prise und ist so viel, wie zwischen zwei Fingerspitzen Platz hat.
1 Msp. bedeutet eine Messerspitze, also meist etwa 1 g.
1 TL (Teelöffel) sollte stets gestrichen voll sein, er faßt je nach Zutat zwischen 4 und 6 g.
1 EL meint einen Eßlöffel gestrichen voll. Früher faßte er zwischen 20 und 30 g, die neueren Modelle begnügen sich mit 13–18 g.
1 Tasse kann ebenfalls unterschiedliche Fassungsvermögen haben, die Normtasse faßt 1/8 l Flüssigkeit.

Gut zu wissen:

6 EL = 1/10 l = 1 dl = 100 ccm
8 EL = 1/8 l = 1 Tasse = 125 ccm
10 g = 1 österreichisches Deka
28 g = 1 englische Unze
100 g = 1 holländisches ons
500 g = 1 Pfund
1000 g = 1 kg

1 Eigelb = 20 g
1 Eiweiß = 30–40 g

Noch ein Hinweis

Eigelbverwertung ist bei folgenden Rezepten gegeben: Vanilletaler, Mailänderli, Orangenherzen, Mandelringe (Diab.), ferner bei Mokkaplätzchen, Tiroler Makronen, Mandel-»S«, Eigelbmakronen, Punschbrezeln, Husarenkrapferl, Linzer Kolatschen, Weiße Mohren, Zitroneneierplätzchen, Mandolinchen, Nürnberger Lebkuchen, Falsches Butterbrot, Mandelplätzchen (Diab.) und Anisplätzchen (Diab.).

Praktische Backgeräte

Ausstecher aus Plastik oder, leider rostend, aus Metall müssen stabil und scharfkantig sein. Empfehlenswert sind Sätze von Herzen, Sternen oder Blüten in verschiedenen Größen und Formen, die wenige Teigabfälle verursachen.
Backbleche: nach Möglichkeit zusätzlich weitere 2–3 Stück passend zum Herd kaufen. Standardmaß ist 26 x 32 cm. Schwarzemaillierte sind sehr strapazierfähig, antihaftbeschichtete nicht schnittfest.
Backofenthermometer ist in der Regel eingebaut und unerläßlich.

Backpapier, auch »Blech-Rein-Papier« genannt, ist eine sehr wertvolle Hilfe und macht Einfetten oder Oblaten überflüssig. Kann mehrmals gebraucht werden. Plätzchen damit sofort vom heißen Blech ziehen. Notfalls durch gefettete Aluminiumfolie austauschbar.
Küchenwecker: mit lautem Klang erinnert er uns an das Gebäck im Ofen. Elektronische Wecker arbeiten ganz genau.

Bügelgläser, wie man sie auch zum Konservieren benutzt, sind ideal für das Anrühren, Erwärmen und Aufbewahren von Guß oder Kuvertüre. Sie lassen sich erhitzen und der Inhalt trocknet nicht so leicht ein.
Elektroquirl bedeutet eine wesentliche Arbeitserleichterung. Für Schaummassen die Schneebesen, für festere Teige die Knethaken einsetzen.
Gitter sind zum Auskühlen von Plätzchen praktisch, aber notfalls durch den sauberen Backofenrost zu ersetzen.
Glockenhacker sollte zwar nicht nach Zwiebeln riechen, ist aber ideal zum groben Hacken von Mandeln und Nüssen.

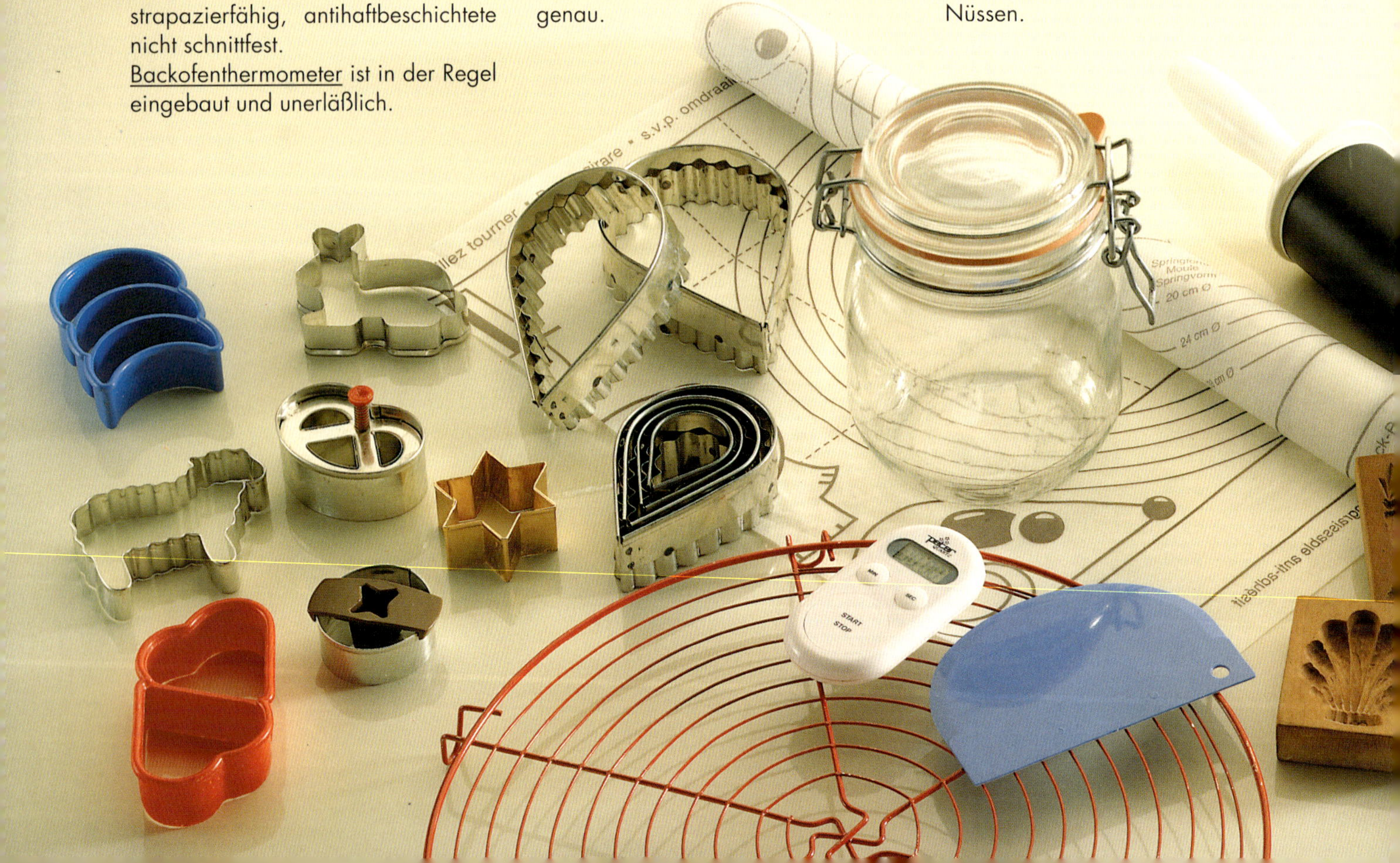

Mandelmühle zum Reiben von Mandeln oder Nüssen. Schneller geht es mit dem Mixer.
Mixer: oft als Kombigerät der großen Küchenmaschine; ist ideal zum Zerkleinern von Mandeln und allen anderen Nüssen.
Model aus Holz für Spekulatius oder Springerle müssen liebevoll geschnitzt sein, damit die Formen gut herauskommen. Mit Reismehl bepudern.
Pinsel: möglichst 3–4 verschiedene; diese jeweils beschriften für Fett, Zuckerguß und Kuvertüre.
Rollholz, auch Nudel- oder Wallholz genannt, sollte mit einem Kugellager versehen sein. Notfalls eine Flasche nehmen. Neuerdings gibt es ein Modell, das die gleichmäßige Dicke des Teiges garantiert (siehe Foto).
Schneebesen, die Schweizer nennen ihn Schwingbesen, für den, der keinen Elektroquirl hat, unerläßlich.
Sieb: da wir grundsätzlich das Mehl sieben, ein größeres Modell. Außerdem noch ein kleines, das mit verkürztem Stiel im Puderzuckerglas verbleibt.
Spritzbeutel: einen großen Beutel aus weichem, plastikkaschiertem Leinen und eine gute Kollektion diverser Vorsätze dazu am besten im Bäckerfachgeschäft kaufen (Fotos S. 56 und 57).
Teigbrett aus nicht zu weichem Holz oder besser noch aus kühlem Marmor, damit der Teig nicht klebt. Oder alte Bretter mit dicker Plastikfolie überziehen.
Teigrädchen sorgen für hübsche gezackte Ränder; dürfen nicht eiern.
Teigschaber: am besten gleich 3–4 verschiedene Modelle, um Schüsseln und vor allen hohe Gefäße gut zu säubern.
Waage: gut backen ist Maßarbeit, deshalb ist eine elektronische Zuwiegewaage für Experten ideal.
Zitronenreibe, die nur dafür verwendet wird, außerdem ein kleiner Pinsel dazu.

Das Aufbewahren der Schätze

Gleich nach dem Backen das Gebäck mit dem Papier vom Blech ziehen, damit es nicht nachbräunt. Dann einzeln nebeneinander, keinesfalls aufeinander, sondern immer auf Rosten abkühlen lassen.

• Knuspriges Gebäck nach dem Erkalten sortenweise in fest verschließbare Behälter packen.

• Weiches Gebäck wie Springerle, Anisplätzchen oder Lebkuchen nach dem Backen erst einige Tage in feuchter Umgebung, zum Beispiel auf dem Balkon, weich werden lassen. Erst dann verpacken.

• Jede Sorte für sich verpacken, damit sich die Aromen nicht übertragen. Gute Erfahrungen machten wir, wenn wir jede Sorte für sich in einen Tiefkühlbeutel füllten und die einzelnen Beutel dann gemeinsam in einen großen Plastikbehälter. So behalten die Plätzchen besser ihr Aussehen und Aroma.

• Bei Gebäck mit Marmelade oder Puderzuckerdekoration stets Pergamentpapier oder Alufolie zwischen die einzelnen Lagen legen.

Zum Verpacken eignen sich: Weißblech- oder bunt beklebte Kaffeedosen, fest verschließbare Plastikdosen – am besten mit Sichtfenster –, Bügelgläser oder Einmachgläser mit Gummiringen und Klammern.

• Wischfeste Stifte zum Beschriften glatter Flächen gibt es in Papierwarengeschäften.

• Honigkuchen sind nach 3–4 Wochen erst wirklich gut.

• Kräbeli, Springerle und Anisbrötle brauchen 2–3 Wochen zum Weichwerden.

• Mürbeteiggebäck ist 2–3 Tage nach dem Backen am allerbesten.

• Gebäck ohne Glasuren, Guß und Puderzuckerdekoration oder ohne Makronen- und Baisermasse lassen sich in verschlossenen Plastikbehältern hervorragend tiefkühlen und bis zu 3 Monaten aufbewahren.

• Brandteiggebäck wie Mini-Käsewindbeutel sind nur durch Tiefkühlung haltbar. Aber sie können auch Teige, soweit sie nicht zu fett- und gewürzhaltig sind und gut verpackt wurden, bis zu 3 Monate einfrieren. Makronenteige sind nicht tiefkühlbar.

• Zum Verschicken nicht die zerbrechlichsten, mürbesten Sorten wählen. Popcorn aus 1 EL Öl und 50 g Mais, der im verschlossenen Topf 5–10 Minuten erhitzt wurde, in die Lücken füllen.

...mit dem Teelöffel

Die einfachste und bestimmt auch die schnellste Weise, Plätzchen zu formen ist, den Teig mit einem Teelöffel auf das Backblech zu setzen.

Wir belegen unsere Backbleche grundsätzlich mit Backpapier, das auch unter der Bezeichnung »Blech-Rein-Papier« gehandelt wird. Dank dieses Produktes brauchen die Backbleche weder eingefettet noch gemehlt zu werden. Das Papier wird in passender Größe von der Rolle gerissen oder zugeschnitten und einfach ausgelegt. Allerdings muß darauf geachtet werden, daß die passende Seite auf das Blech zu liegen kommt, was an Hand der Beschriftung leicht erkennbar ist.

Backpapier hat viele Vorteile. Nicht nur, daß unsere Plätzchen nicht mehr an den Blechen kleben und auch die Backoblaten überflüssig sind. Wir können dadurch eine größere Zahl Kleingebäcksorten auf Papier vorbereiten und brauchen nicht zu warten, bis die Backbleche, die wir gerade im Ofen haben, abgekühlt sind. Außerdem brauchen die Bleche kaum noch gereinigt zu werden. Backpapier kann, soweit es sich um entweder süße oder pikante Plätzchen handelt, bedenkenlos mehrere Male benutzt werden.

In alten Kochbüchern heißt es meistens: »...mit Hilfe von zwei Teelöffeln...«. Wir empfehlen einen einzigen Teelöffel. Wenn der Teig nicht herunterrutscht, kann leicht mit dem Zeigefinger nachgeholfen werden.
Die Häufchen sollten in der Regel walnußgroß sein. Nur so ist es sicher, daß sie auch vollig durchbacken. Bei einigen Gebäcken muß ein größerer Abstand eingehalten werden, weil Teig mit einem hohen Fettgehalt breiter auseinanderläuft. Darauf wird bei den Rezepten gesondert hingewiesen.
Um das Blech gut auszunutzen, ist es sinnvoll, die Häufchen in Verband oder auf Lücke auf das Blech zu setzen. Also in einer Reihe vier, in der folgenden Reihe fünf Häufchen. Bei unseren Angaben erkennen Sie schnell, ob Sie ein oder mehrere Bleche benötigen.

Haselnußbusserln

3 Eiweiß
75 g feiner Zucker
75 g Puderzucker
175–225 g gemahlene Haselnüsse
1 Pr. Salz
1 Msp. Zimt oder Kakao

50 g Haselnüsse zum Garnieren

Sie werden auch Haselnußmakronen genannt und sind auf dem Weihnachtsteller so populär und beliebt, daß sie meistens als erste verschwunden sind.
Das Eiweiß mit den Schneebesen des Elektroquirls zu steifem Schnee schlagen. Dann den feinen Zucker so lange unter den Schnee schlagen, bis die Masse stark glänzt. Von dieser Masse 1 EL zur Seite legen. Unter die restliche Eiweißmasse den gesiebten Puderzucker, die gemahlenen Haselnüsse und die Gewürze geben. Der Teig darf nicht zu flüssig sein. Dabei nicht zu stark rühren.
Mit einem Teelöffel knapp walnußgroße Häufchen auf ein mit Backpapier belegtes Blech geben. In die Mitte eine Vertiefung drücken. Je eine mit Meringenmasse von unten befeuchtete Haselnuß in das Loch drücken. Bei 175° C etwa 12 Minuten mehr trocknen als backen.

Ergibt ca. 35 Stück oder 400 g auf 1 Backblech.

Dattelmakronen

Zutaten wie für Haselnußbusserln oder Mandelbusserln und:
100 g entsteinte Datteln
100 g dunkle Kuvertüre
1 EL Nonpareille zum Garnieren

Zwar macht die Zugabe von Datteln die Busserln etwas kompakter, verleiht den Makronen aber eine feine, neue Geschmacksrichtung.
Die Datteln am besten mit einem nassen Messer fein hacken, vorsichtig unter die Makronenmasse mischen. Nach dem Auskühlen die Makronen mit der Spitze in im Wasserbad geschmolzene Kuvertüre tauchen und mit Nonpareille bestreuen.

Ergibt ca. 40 Stück oder 500 g auf 2 Backblechen.

Mandelbusserln

Zutaten wie für Haselnußbusserln, die Haselnüsse durch Mandeln und eventuell 4–5 bittere Mandeln austauschen

Bei diesen Mandelbusserln oder Mandelmakronen können Sie sowohl geschälte als auch ungeschälte Mandeln verwenden. Das Gebäck gewinnt an Geschmack, wenn die Mandeln zuvor etwa 4–5 Minuten im Backofen geröstet wurden. Wenn Sie einige bittere Mandeln zugeben, wird der Geschmack marzipanähnlich. Nach Belieben mit geschälten, halbierten Mandeln garnieren.

Ergibt ca. 30 Stück oder 400 g auf 1 Backblech.

Bröselmakronen

Zutaten wie für Mandelbusserln oder Haselnußbusserln, jedoch die Hälfte der Mandeln oder Nüsse durch Brösel ersetzen

100 g Kuvertüre und Schale von 1 unbehandelten Zitrone zum Garnieren

Wer viel bäckt, ist froh, wenn er für die gesammelten Brösel am Ende eine gute Verwertung findet. Die Brösel in einem Plastikbeutel mit Hilfe des Rollholzes zerkleinern. Dann wie zuvor bei Haselnußbusserln beschrieben weiterverfahren.
Nach dem Auskühlen die Makronen zur Hälfte in im Wasserbad zerlassene Kuvertüre tauchen. Mit feinen Zitronenstreifen garnieren und auf einem Gitter trocknen lassen.

Ergibt ca. 30 Stück oder 450 g auf 1 Backblech.

Kokosmakronen

Zutaten wie für Haselnußbusserln, Haselnüsse durch geriebene Kokosnuß austauschen

100 g dunkle Kuvertüre zum Tauchen

Kokosnüsse gibt es meistens ab Mitte November in den Supermärkten. Ab Februar ist die Ware fast immer sehr trocken.
Zubereitung wie bei den Haselnußbusserln. Auch hier muß sehr darauf geachtet werden, daß so wenig Luft wie möglich herausgerührt wird. Für den Weihnachtsteller kann der Eischnee durch einige Tropfen Lebensmittelfarbe rosa gefärbt werden.
15 Minuten bei 175° C backen und auf dem Backpapier auskühlen lassen, da sonst die Böden der Makronen ankleben.
Die Makronen nach dem Trocknen unten in im Wasserbad zerlassene Kuvertüre tauchen.

Ergibt ca. 35 Stück oder 450 g auf 1–2 Backblechen.

Schokoladenmakronen mit Walnüssen

75 g Walnußkerne
50 g dunkler Kakao
50 g zartbittere Schokolade
2 Eiweiß
80 g feiner Zucker
1 Pk. Vanillinzucker
1 Pr. Salz

100 g Walnußhälften zum Garnieren

Walnüsse mahlen und mit dem Kakao mischen. Die Schokolade in Stückchen hacken. Die Eiweiß steifschlagen, Zucker, Vanillinzucker und Salz unterschlagen. Dann die Walnußkerne und Schokoladenstückchen locker unterheben. Mit zwei Teelöffeln Häufchen auf ein mit Backpapier ausgelegtes Blech geben und jeweils mit einer Walnußhälfte garnieren. Bei 150° C im vorgeheizten Ofen 18–20 Minuten trocknen lassen.

Ergibt ca. 20 Stück oder 350 g auf 1 Backblech.

Tiroler Makronen

2 Eier
90 g Zucker
75 g leicht geröstete Haselnüsse
75 g leicht geröstete Mandeln
75 g bittere Schokolade
75 g Sultaninen
feingeriebene Schale von 1/2 unbehandelten Zitrone
1 EL Rum
1/2 TL Zimt
1 Pr. Salz
100 g Mehl oder Vollkornmehl

125 g Puderzucker und 2 EL Zitronensaft zum Bepinseln

15 kandierte Kirschen zum Garnieren

Diese leicht feuchten, sehr aromatischen Makronen sind so beliebt, daß es kein Risiko ist, die Zutatenmenge zu verdoppeln. Bestimmt werden die Makronen schnell gegessen.
Eier und Zucker mit dem Elektroquirl gut schaumig schlagen. Nüsse, Mandeln und Schokolade grob hacken. Mit den Sultaninen oder Zitronenschale und Gewürzen unter die Eimasse geben. Dann das Mehl darunterrühren.
Mit Hilfe eines Teelöffels Häufchen auf Backpapier setzen.
In etwa 12–15 Minuten bei 175° C nicht zu dunkel backen. Dünn mit Zitronenguß bepinseln. Hübsch mit kandierten Kirschen garnieren.

Ergibt ca. 30 Stück oder 750 g auf 1 Backblech.

Früchtemakronen

3 Eiweiß
150 g Zucker
40 g Zitronat
40 g Orangeat
180 g Kokosflocken oder geschälte feingemahlene Mandeln
etwas feingeriebene unbehandelte Zitronenschale

25 g Zitronat zum Garnieren

Durch die Zugabe von Zitronat und Orangeat bekommen diese Makronen einen sehr feinen Geschmack.
Das Eiweiß mit dem Elektroquirl zu sehr steifen Schnee schlagen. Die Hälfte des Zuckers zugeben und so lange schlagen, bis die Masse stark glänzt. Dann den restlichen Zucker, feingehacktes Zitronat und Orangeat, Kokosflocken oder Mandeln und Zitronenschale vorsichtig so unterheben, daß die Luft kaum herausgerührt wird. Mit einem Teelöffel Häufchen auf zwei mit Backpapier ausgelegte Backbleche geben. Mit feinen Zitronatstreifchen dekorieren. Bei 150° C etwa 15 Minuten hell trocknen lassen.

Ergibt ca. 48 Stück oder 450 g auf 2 Backblechen.

Karibikmakronen

1 Eiweiß
1 TL Zitronensaft
70 g feiner Zucker
50 g Kokosflocken oder geschälte feingemahlene Mandeln
180 g kandierte Ananas oder getrocknete Aprikosen

Mit Ananas sind diese Makronen exotisch, mit Aprikosen spanisch. Das Rezept könnte ebensogut mit getrockneten Birnen- oder Apfelschnitzen auf deutsche Art abgewandelt werden.
Das Eiweiß mit dem Zitronensaft zu steifen Schnee schlagen. Dann den Zucker hineinrieseln lassen und die Masse noch kurz schlagen. Durch längeres Schlagen würde sie flüssig werden. Die Kokosflocken oder Mandeln und die Hälfte der kleingehackten Trockenfrüchte unterheben. Den Rest der Früchte kleinschneiden. Einige Stücke zum Garnieren beiseite legen. Den Rest der Früchte in etwa 24 Häufchen auf ein mit Backpapier ausgelegtes Blech geben. Die Masse mit einem Teelöffel darauf verteilen. Dann garnieren.
Bei 150° C in 20 Minuten mehr trocknen als backen. Gleich nach dem Erkalten verpacken, weil sie sonst weich werden.

Ergibt ca. 24 Stück oder 300 g auf 1 Backblech.

Schokoladen-Nußmakronen

125 g Sultaninen
150 g bittere Schokolade
125 Haselnüsse
4 EL Rum
3 Eier
50 g Zucker
feingeriebene Schale von 1/2 unbehandelten Orange
1 Pk. Vanillinzucker
1 Pr. Salz
125 g Mehl
1/2 TL Zimt

100 g weiße Kuvertüre zum Tauchen

Durch die eingeweichten Sultaninen sind diese feinen Makronen angenehm feucht.
Sultaninen und Schokolade grob, die Haselnüsse fein hacken. In Rum quellen lassen. Eigelb und Zucker mit dem Schneebesen des Elektroquirls schaumig schlagen. Orangenschale zugeben. Schneebesen reinigen, Eiweiß mit Salz und Vanillinzucker ebenfalls steif schlagen. Eischnee und Sultaninenmischung auf den Eigelbschaum geben. Das mit Zimt gemischte Mehl daraufsieben. Alles vermengen. Mit einem Teelöffel walnußgroße Häufchen auf Backpapier setzen. Bei 175° C 12–15 Minuten backen.
Nach dem Erkalten die Unterseiten in im Wasserbad geschmolzene Kuvertüre tauchen, daß die Makronen ein weißes Füßchen bekommen. Auf einem Gitter trocknen lassen.

Ergibt ca. 60 Stück oder 800 g auf 2 Backblechen.

Haferflockenmakronen

65 g Butter oder Margarine
150 g kernige Haferflocken
100 g Datteln oder getrocknete Aprikosen
1 Ei
50 g Zucker
etwas feingeriebene Schale von 1 unbehandelten Zitrone
1 Pr. Salz

Das Rezept kann mit Weizenflocken oder gemischten Getreideflocken abgewandelt werden.
Das Fett in einer Pfanne schmelzen. Die Haferflocken unter stetigem Rühren darin hell rösten. Stattdessen können Sie auch das Fett mit den Haferflocken im Mikrowellenherd – jeweils nach 1 Minute umrühren – insgesamt 3 Minuten erhitzen.
Die Datteln oder Aprikosen mit angefeuchtetem Messer kleinschneiden. Das Ei mit dem Zucker schaumig rühren. Die abgekühlten Haferflocken, Datteln, Zitronenschale und Salz untermengen. Mit einem Teelöffel Häufchen auf mit Backpapier belegte Bleche geben. Bei 180° C etwa 18 Minuten backen.

Ergibt ca. 35 Stück oder 350 g auf 2 Backblechen.

Schokoladenbrötle

100 g bittere Schokolade
100 g feiner Zucker
50 g Speisestärke
Mark von 1/2 Vanilleschote
1 Pr. Salz
5 Eiweiß

60 g Kuvertüre

Ein feines, luftiges Gebäck für die Adventszeit.
Die Schokolade über Nacht ins Gefrierfach legen. Dann unmittelbar nach dem Herausnehmen sehr fein reiben. Mit Zucker, Speisestärke, Vanille und Salz mischen. Die Eiweiß zu steifem Schnee schlagen, auf die Schokoladenmischung geben. Alles leicht verrühren. Mit einem Teelöffel walnußgroße Häufchen auf ein mit Backpapier belegtes Blech geben. Etwa 10 Minuten bei 180° C nicht zu stark backen.
Kuvertüre im Wasserbad erwärmen und mit einer Gabel in feinen Streifen über das dicht nebeneinander gelegte Gebäck ziehen.

Ergibt ca. 20 Stück oder 300 g auf 1 Backblech.

Florentiner

175 g Mandelblättchen
50 g Zitronat
50 g Orangeat
25 g kandierter Ingwer
150 g Zucker
1 Pk. Vanillinzucker
1 Pr. Salz
feingeriebene Schale von 1 unbehandelten Zitrone
100 g Mehl
40 g Butter oder Margarine
1/4 l Sahne
1 Pr. Salz

100 g dunkle Kuvertüre zum Bepinseln

Wenn die Florentiner als Teilchen zur Kaffeetafel gereicht werden sollen, muß man auf jeden Fall die Zutatenmenge verdoppeln und das Gebäck größer formen.
Mandeln, Zitronat, Orangeat, gehackter Ingwer, Zucker, Vanillinzucker, Zitronenschale und Mehl miteinander vermischen. Die Butter oder Margarine mit Sahne und Salz im Stieltopf zum Kochen bringen. Die Mandelmischung einrühren und 5 Minuten kochen lassen, dabei gut rühren. Die Masse im Wasserbad warm halten.

Mit einem breiten Messer, das immer wieder in einen hohen Behälter mit kaltem Wasser getaucht wird, Plätzchen von etwa 4 cm Ø auf mit Backpapier ausgelegte Bleche streichen. Achtung, sie laufen ziemlich breit auseinander.

In etwa 25 Minuten bei 180° C nicht zu dunkel backen.
Nach dem Auskühlen die Unterseite mit geschmolzener Kuvertüre bepinseln und sofort mit einem gezahnten Spachtel ein wellenförmiges Muster einritzen.

Ergibt ca. 60 Stück oder 900 g auf 2–3 Backblechen.

Florentiner mit Haferflocken

75 g Haferflocken
75 g Butter der Margarine
75 g Farinzucker
100 g feinblättrige Mandeln
1/8 l Sahne
50 g feingehacktes Orangeat
50 g kandierte rote Kirschen

100 g dunkle Kuvertüre zum Bepinseln

kandierte rote Kirschen zum Garnieren

Die Haferflocken unter stetigem Rühren in einer Pfanne leicht anrösten, aber keinesfalls anbrennen lassen. Sogleich in einen kalten Stieltopf geben. Mit Fett, Zucker, Mandeln und Sahne aufkochen. Leise 5 Minuten köcheln lassen. Kühl stellen.
Orangeat und die kleingeschnittenen Kirschen unter die abgekühlte Masse rühren. Auf mit Backpapier ausgelegte Bleche etwa 4 cm große Plätzchen streifen – nicht zu dicht, sie laufen noch etwas auseinander! Etwas andrücken.
Bei 200° C in etwa 12–15 Minuten nicht zu dunkel backen. Nach dem Abkühlen die Unterseite mit auf dem Wasserbad zerlassener Kuvertüre bepinseln. Mit einem gezahnten Spachtel ein wellenförmiges Muster einritzen. Je eine halbe Kirsche mit Kuvertüre auf die Oberseite der Florentiner kleben.

Ergibt ca. 40 Stück oder 600 g auf 2 Backblechen.

Helle Wespennester

250 g ungeschälte Mandeln
1 EL Zucker
4 Eiweiß
120 g Zucker
120 g Puderzucker
1/2 TL Zimt
1 Msp. Nelkenpfeffer
1 Pr. Muskat
1 Pk. Vanillinzucker
1 Pr. Salz

Ein feines, typisch altdeutsches Gebäck, das zur Gruppe der weihnachtlichen Makronen gehört.
Die Mandeln grob reiben oder mit dem Glockenhacker zerkleinern. In einem Topf mit 1 EL Zucker hell rösten, damit sich die Aromastoffe gut entwickeln. Sofort in eine Schüssel geben. Abkühlen lassen.
Mit dem Elektroquirl das Eiweiß steifschlagen. Den Zucker unterschlagen und so lange weiter schlagen, bis die Masse stark glänzt.
Den mit den Gewürzen gemischten und gesiebten Puderzucker mit den abgekühlten Mandeln unter die Eiweißmasse heben. Dabei nicht zu stark rühren. Auf mit Backpapier ausgelegte Bleche Häufchen in der Größe einer Walnuß setzen.
Bei 150° C etwa 30 Minuten trocknen lassen.

Ergibt ca. 50 Stück oder 500 g auf 3 Backblechen.

Dunkle Wespennester

250 g grobgehackte ungeschälte Mandeln
200 g Zucker
4 Eiweiß
1 Pr. Salz
100 g Puderzucker
100 g grobgehackte bittere Schokolade

100 g dunkle Kuvertüre zum Garnieren

Diese süße Versuchung heißt auch »Witwenküsse«. Es ist ein Rezept aus Großmutters Kochbuch. In meiner Kindheit gehörte das Gebäck alljährlich auf den weihnachtlichen »Naschteller«.
In einem Topf die Mandeln mit der Hälfte des Zuckers unter ständigem Rühren goldbraun rösten. Sogleich umfüllen und abkühlen lassen.
Die Eiweiß mit Salz zu steifem Schnee schlagen. Dann die zweite Hälfte des Zuckers zum Eischnee geben. Diesen so lange schlagen, bis der Zucker sich aufgelöst hat und der Schnee stark glänzt. Jetzt den gesiebten Puderzucker, die abgekühlten Mandeln und die Schokolade unterheben.
Auf mit Backpapier ausgelegte Bleche walnußgroße Häufchen setzen. Bei nur 150° C etwa 30 Minuten trocknen lassen. Wespennester sollen innen noch ein wenig feucht sein. Nach dem Auskühlen zur Hälfte in dunkle Kuvertüre tauchen.

Ergibt ca. 45 Stück oder 650 g auf 3 Backblechen.

Rosinenplätzchen

300 g Sultaninen
1 cl Rum
feingeriebene Schale von 1 unbehandelten Zitrone
Saft von 1 Zitrone
Mark von 1/2 Vanilleschote
200 g Butter oder Margarine
150 g Farinzucker
3 Eier
400 g Mehl Type 1050 oder je 200 g Mehl Type 1050 und Vollkornmehl
2 TL Backpulver

Dieses Rezept stammt aus der Schweiz. Eigentlich sollte es Sultaninenguetzli genannt werden. Rosinen, die bekanntlich Kerne haben, sind nämlich dafür ungeeignet.
Die Sultaninen gründlich waschen, mit Küchenkrepp trocknen. In dem Rum mit den Gewürzen über Nacht quellen lassen. Fett mit Zucker und Eiern in einer Schüssel mit dem Elektroquirl gut schaumig rühren. Nacheinander das mit Backpulver gemischte Mehl und die eingeweichten Sultaninen zugeben, dabei aber auf alle Fälle einen Kochlöffel verwenden. Mit einem Teelöffel walnußgroße Häufchen auf mit Backpapier ausgelegte Bleche geben. In etwa 15 Minuten bei 200° C goldbraun backen.

Ergibt ca. 70 Stück oder 900 g auf 3 Backblechen.

Mandelküsse

100 g Mandelblättchen
2 geschälte, feingehackte bittere Mandeln
1 TL Rosenwasser
1 Eiweiß
60 g feiner Zucker

Diese hauchzarten Küsse sind eine ideale Beigabe zu feinen Süßspeisen. Sie sind im Handumdrehen zubereitet.
Mandelblättchen, bittere Mandeln, Rosenwasser, Eiweiß und Zucker gut miteinander vermischen. Teelöffelweise auf ein mit Backpapier belegtes Blech geben. Dünn zu 5 cm großen Talern ausbreiten.
Bei 200° C in 8–10 Minuten recht hell backen.

Ergibt ca. 24 Stücke oder 160 g auf 2 Backblechen.

Haferflocken-Zitronenbusserln

2 Eiweiß
1 EL Zucker
100 g feiner Zucker
1 Pk. Vanillinzucker
70 g Haferflocken
70 g grobgemahlene Hasel- oder Walnüsse
1 TL Zitronensaft
etwas feingeriebene unbehandelte Zitronenschale

etwas dünn abgeschälte unbehandelte Zitronenschale oder Orangeat und Zitronat zum Garnieren

Die Eiweiß mit dem Elektroquirl mit 1 EL Zucker zu schönem Schaum schlagen. Den restlichen Zucker zugeben und die Masse nur noch kurz schlagen. Vanillinzucker, kurz angeröstete, wieder erkaltete Haferflocken, Nüsse und Zitronensaft und -schale untermengen.
Aus der Masse mit einem Teelöffel walnußgroße Häufchen auf mit Backpapier ausgelegte Bleche setzen. Mit feinen Streifen von Zitronenschale oder Orangeat und Zitronat garnieren.
Bei 180° C 10 bis 15 Minuten trocknen lassen.

Ergibt ca. 40 Stück oder 250 g auf 2 Backblechen.

Glatzköpfe

75 g Butter oder Margarine
250 g feiner Farinzucker
125 g Mehl
125 g ungeschälte oder geschälte grob gehackte Mandeln
1/2 TL Zimt
1 Pr. Salz
eventuell 3 EL Milch

Eine knusprige holländische Spezialität, die etwas an Krokant erinnert. Das Fett mit braunem Zucker schaumig rühren, dann das Mehl, die Mandeln, Zimt, Salz und eventuell etwas Milch dazugeben. Backbleche mit Backpapier auslegen und mit einem Teelöffel kleine Häufchen aufsetzen. Da das Gebäck breit auslaufen soll, müssen sehr große Abstände eingehalten werden. Die Häufchen mit dem Löffelrücken etwas flachdrücken. Bei 180° C erst 5 Minuten auf der obersten, dann weitere 5 Minuten auf der untersten Schiene backen. Vorsichtig vom Papier lösen. Da sie sehr knusprig sind, eignen sie sich nicht zum Verschicken.

Ergibt ca. 36 Stück oder 550 g auf 3 Backblechen.

Mandelbögen

300 g geschälte feingehackte Mandeln
15 g Mehl
200 g feiner Zucker
40 g Butter
3 Eiweiß
1 Pr. Salz

Ein Rezept für geübte, schnell arbeitende Backexperten. Diese Mandelbögen sind eine sehr feine Beigabe für anspruchsvolle Nachspeisen.
Zunächst die Mandeln mit Mehl und Zucker mischen. Die Butter schmelzen, sie darf aber nicht heiß werden. Zufügen. Dann die ungeschlagenen Eiweiß und Salz unterrühren. Insgesamt 18 knappe Teelöffel der Masse auf das erste mit Backpapier ausgelegte Blech geben. Die Oberfläche mit einem mit Wasser benetzten Gummiteigschaber flachdrücken.
Bei 170° C etwa 5–7 Minuten nicht zu stark backen. Das Gebäck läuft auseinander, die Ränder werden etwas dunkler. Sofort nach dem Herausnehmen das Papier in Streifen schneiden, die Plätzchen mit dem Papier über Rollhölzer oder Flaschen legen und etwas andrücken. Dann den übrigen Teig verarbeiten.

Ergibt ca. 54 Stück oder 550 g auf 3 Backblechen.

Mokkaplätzchen

125 g Butter oder Margarine
100 g Zucker
1 Ei
2 Eigelb
125 g Mehl
125 g Speisestärke
1 Pk. Vanillinzucker
50 g bittere Schokolade
2–3 EL Sahne
1 Pr. Salz

100 g Puderzucker, 1–2 TL Instantkaffee und 2 EL Wasser zum Bepinseln

100 g Schokoladen-Mokkabohnen zum Garnieren

Der würzige Kaffeegeschmack des Überzugs ist sehr beliebt. Schokolade läßt sich am besten reiben, wenn sie zuvor tiefgekühlt wurde.
Das Fett mit Zucker, Ei und Eigelb mit dem Elektroquirl schaumig rühren. Dann Mehl, Stärke, Vanillinzucker, geriebene Schokolade und so viel Sahne unterrühren, daß der Teig pastenartig wird.
Mit einem Teelöffel walnußgroße Häufchen auf Backpapier setzen. Die Plätzchen bei 200° C 10 Minuten backen.
Inzwischen aus dem Puderzucker, Instantkaffee und heißem Wasser einen dickflüssigen Guß rühren. Die Plätzchen hineintauchen. Eine Mokkabohne obenauf setzen.

Ergibt ca. 40 Stück oder 800 g auf 2 Backblechen.

Ingwerküsse

125 g Butter oder Margarine
100 g Farinzucker
1 Pk. Vanillinzucker
1 Ei
1 knapper TL gemahlener Ingwer
1 EL Rum oder Arrak
1 Pr. Salz
200 g Mehl
1 TL Backpulver

Zum Garnieren:
100 g Puderzucker
1/2 Eiweiß
1–2 EL Rum
40 g kandierter Ingwer
25 g geschälte, gehackte Pistazien

Oft gibt es in guten Gemüsegeschäften auch frischen Ingwer zu kaufen. Wenn Sie ein gut walnußgroßes Stück schälen, fein reiben und es an Stelle des Ingwerpulvers an den Teig zu geben, werden Sie vom Aroma überrascht sein.
Mit den Schneebesen des Elektroquirls das Fett mit Farinzucker, Vanillinzucker, Ei, Ingwer, Rum und Salz zu einer luftigen Masse schlagen. Mehl mit Backpulver gemischt darauf sieben, locker unterheben.
Mit einem Teelöffel walnußgroße Häufchen auf ein mit Backpapier belegtes Blech geben. Bei 180° C in etwa 12–15 Minuten goldbraun backen. Noch heiß jeweils einen Klecks dicken Rumguß auf das Gebäck geben mit kleingehacktem Ingwer und Pistazien bestreuen.

Ergibt ca. 40 Stück oder 600 g auf 1–2 Backblechen.

...eine Rolle formen...

Im allgemeinen ist es ratsam, den fertigen Teig für kurze Zeit zugedeckt in den Kühlschrank zu stellen, ehe er zu Rollen ausgeformt wird.

Wir geben ihn dann portionsweise entweder auf ein leicht gemehltes Backbrett oder auf die mit einer dicken Plastikfolie bedeckte Arbeitsplatte. Das verhindert, daß der Teig anklebt. Auch unsere Hände sollten nur schwach bemehlt und vor allen Dingen kühl sein. Beim Rollen nicht zu starken Druck ausüben. Besonders glatt wird die Oberfläche, wenn die Hand gegen Ende des Arbeitsprozesses in der gleichen Richtung wie die Rolle gehalten wird. So gibt es keine »Fingerdellen«.

Den Teig in mehreren Portionen auszurollen ist leichter, als einmal eine große Menge zu bearbeiten. In der Regel sollten die Rollen einen Durchmesser von 4–6 cm haben. Darum wird das auch als 5-Mark-Stück-Größe bezeichnet.
Zum Schluß können die Rollen in gemahlenen oder feingehackten Mandeln oder Nüssen oder in Hagelzucker gewendet werden, das gibt eine hübsche Verzierung.
Die besten Ergebnisse erzielt man, wenn die Rollen über Nacht in den Kühlschrank gelegt werden. Notfalls genügt auch kurzfristiges Kühlen im Gefrierfach. Auf alle Fälle sollte der Teig aber zuvor entweder in Alu- oder in Plastikfolie, zur Not auch in Backpapier eingewickelt werden, sonst würde er austrocknen. Teigrollen können bis 3 Monate tiefgekühlt werden.
Direkt aus dem Gefrierfach oder dem Kühlschrank ist der Teig meistens zu hart zum Schneiden und bröckelt. Darum sollte man ihn zunächst etwa 20 bis 30 Minuten bei Küchentemperatur etwas warm werden lassen. Dann mit einem möglichst scharfen Messer mit glatter Klinge in 3–5 mm dicke Scheiben entsprechend den Angaben des Rezepts schneiden.
Werden die Scheiben noch durch Mandeln oder Nüsse verziert, so müssen diese unbedingt zuvor in verquirltes Eiweiß getaucht und dann gut angedrückt werden, weil sie sonst nach dem Backen herunterfallen würden.

Walnußplätzchen
Pecantaler
Paranußlaibchen

300 g Walnußkerne
250 g Pecannüsse
200 g Paranüsse
125 g Butter oder Margarine
125 g Zucker
50 g Farinzucker
1 Ei
1 Pr. Salz
250 g Mehl
1/2 TL Backpulver
1 Pk. Vanillinzucker

Mehl zum Ausrollen

1 Eiweiß zum Bepinseln

Drei sehr unterschiedliche Plätzchen aus einem Teig, damit sparen Sie Zeit und haben eine bunte Abwechslung auf dem Teller.
Zunächst etwa 30 schöne Walnußhälften beiseite legen. Die Paranüsse 5 Minuten in heißes Wasser legen. Dann jede Nußart separat grob hacken.
Fett mit Zucker, Ei und Salz schaumig rühren, das Mehl mit dem Backpulver darunterkneten. Den Teig dritteln.
Unter das erste Drittel 200 g Walnüsse (100 g Nußhälften für die Dekoration übrig lassen), unter das zweite Drittel die Pecannüsse bis auf 3 EL, unter das letzte Drittel die Paranüsse kneten. Daraus jeweils eine 4 cm dicke Rolle formen. Die zweite Rolle außen mit verquirltem Eiweiß bepinseln und in den restlichen 3 EL Pecannüssen wälzen. Die Rollen eingepackt mindestens 30 Minuten kühl stellen.
Dann mit einem scharfem Messer in 4–5 mm dicke Scheiben schneiden. Die Walnußtaler mit den restlichen Nußhälften, die unten mit Eiweiß befeuchtet wurden, garnieren. Das Gebäck auf Backpapier etwa 12–15 Minuten bei 200° C backen.

Ergibt je ca. 35 Stück oder insgesamt 1,3 kg auf 3 Backblechen.

Karameltaler

100 g Butter oder Margarine
150 g Farinzucker
1 EL dunkler Honig
1 Ei
1 Pk. Vanillinzucker
250 g Mehl
1 Pr. Salz
1/2 TL Backpulver

Mehl zum Ausformen

Die Zutaten für diese knusprigen Plätzchen sind leicht beschafft, die Herstellung ist ein Kinderspiel. Kein Wunder also, daß sie sehr beliebt sind.
Fett, Zucker, Honig, Ei und Vanillinzucker in ein hohes Rührgefäß geben und mit den Schneebesen des Elektroquirls zu einer sämigen Masse schlagen. Dann die Knethaken einsetzen und das mit Salz und Backpulver gemischte Mehl unterarbeiten. Den Teig zu zwei Rollen von etwa 4 cm Ø formen, in Folie eingepackt über Nacht in den Kühlschrank legen.
In 3–4 mm dicke Scheiben schneiden. Auf Backpapier legen und in 6–8 Minuten bei 200° C knusprig braun backen.

Ergibt ca. 60 Stück oder 500 g auf 2 Backblechen.

Pomeranzenbrötchen

2 Eier
125 g feiner Zucker
50 g Butter oder Margarine
1 Pr. Salz
200 g Mehl
100 g Orangeat

Mehl zum Ausrollen

Da das Orangeat zum Verzieren der Plätzchen in hauchfeine Streifen geschnitten werden sollte, ist es günstig, Orangeat am Stück, also nicht kleingewürfelt zu kaufen.
Mit dem Elektroquirl Eier mit Zucker und Fett schön schaumig rühren. Dann das Salz und Mehl unterrühren. Knapp die Hälfte des Orangeats in hauchdünne Streifchen schneiden. Den Rest sehr fein würfel und unter den Teig mischen. Den Teig 20 Minuten kühlen.
Dann zwei talerdicke Rollen formen, etwas flachdrücken. Eingepackt nochmals 30 Minuten kühlen.
In 4 mm dicke Scheiben schneiden. Auf Backpapier legen, jedes Brötchen diagonal mit einem Messer leicht einkerben. Die Orangeatstreifen in die Kerben drücken.
Bei 200° C in 8–10 Minuten nur hell backen, weil sonst das Orangeat hart werden würde.

Ergibt ca. 60 Stück oder 500 g auf 2 Backblechen.

Heidesand

250 g Butter
200 g Zucker
Mark von 1/2 Vanilleschote
1 Pr. Salz
375 g Mehl

grober Zucker zum Wenden

Wer das Gebäck in 3 Tagen bäckt, hat den höchsten Genuß davon.
Die Butter im Stieltopf nicht zu dunkel, also nur goldbraun bräunen. In eine Rührschüssel geben und über Nacht kühlen.
Mit Zucker, Vanille und Salz mit dem Elektroquirl sehr schaumig rühren. Das Mehl mit den Knethaken des Elektroquirls untermengen.
Zwei Rollen von ca. 6 mm Ø formen. In grobem Zucker wenden. In Alufolie einwickeln und über Nacht kühlen.
Etwa 30 Minuten, nachdem die Rollen aus dem Kühlschrank genommen wurden, in 3–4 mm dicke Scheiben schneiden.
Auf mit Backpapier belegten Bleche legen und recht hell bei nur 160° C backen.

Ergibt ca. 80 Stück oder 800 g auf 3 Backblechen.

Feine Haselnußtaler

250 g Butter oder Margarine
200 g Zucker
1 Pk. Vanillinzucker
250 g feingemahlene Haselnüsse
250 g Mehl
2 TL Backpulver
40 g Kakao
2 TL Zimt
1 Pr. Salz

ca. 50 g Haselnüsse und 1 Eiweiß zum Garnieren

Dieses Gebäck hält sich, soweit es in gutverschlossenem Behälter aufgehoben wird, lange frisch. Wenn es ohne Zimt gebacken wird, eignet es sich auch als Beigabe zu Süßspeisen. Es kann auch mit Mandeln abgewandelt werden.
Fett, Zucker und Vanillinzucker mit dem Elektroquirl sehr schaumig schlagen. Dann die Haselnüsse und das mit Backpulver und Gewürzen gemischte Mehl dazugeben. Den Teig rasch kneten. Acht daumendicke, ca. 25 cm lange Rollen formen, 30 Minuten kühl stellen.
In 1 cm dicke Stücke schneiden. Kugeln ausformen, diese etwas flachdrücken. Haselnüsse in Eiweiß tauchen und auf die Plätzchen stecken. Auf Backpapier bei 180° C in etwa 15 Minuten nicht zu dunkel backen.

Ergibt ca. 70 Stück oder 1 kg auf 2–3 Backblechen.

Schweizer Chräbeli

Zutaten wie für Springerle s. S. 102

1 EL Aniskörner
etwas feingeriebene unbehandelte Zitronenschale

Neben Mailänderli und Baslerbraun sind dies die populärsten Schweizer Weihnachtsplätzchen.
Den Teig mit den Gewürzen mischen, in vier Portionen, am besten zwischen Plastikfolie, zu vier etwa 1 cm dicken und 5–6 cm breiten Teigblöcken formen. Teigreste, die nicht unmittelbar verarbeitet werden, stets zugedeckt aufheben. Die Teigblöcke in 1 cm breite Streifen schneiden, diese etwas nachrollen. Jeweils portionsweise dreimal diagonal einkerben und halbmondförmig gebogen auf Backpapier legen. Über Nacht wie Springerle zugedeckt stehen lassen, damit sie Füßchen bekommen. Dann wie Springerle backen. Etwa zwei Wochen feucht lagern.

Ergibt ca. 100 Stück oder 1 kg auf 4 Backblechen.

Tiroler Anisbrötchen

150 g Mehl
150 g geschälte gemahlene Mandeln
125 g Butter oder Margarine
60 g feiner Zucker
2 Eigelb
feingeriebene Schale von 1/2 unbehandelten Zitrone
2 EL weißer Rum
1 EL Anis
1 Pr. Salz

1 EL Anis zum Bestreuen

Mehl mit den Mandeln auf das Backbrett häufen. Das kalte, in Flöckchen zerteilte Fett darauf geben. Eine Mulde in die Mitte drücken. Zucker, Eigelb und Gewürze in die Mulde geben. Die Zutaten mit einem großen Messer rasch verhacken, zum Teig verkneten.
Den Teig zugedeckt 30 Minuten in den Kühlschrank stellen. Aus dem Teig zwei 4 cm dicke Rollen formen. Diese nochmals 30 Minuten eingepackt kühlen. Dann in 4 mm dicke Scheiben schneiden. Auf Backpapier legen. Mit Anis bestreuen.
Bei 180° C in 12–15 Minuten nicht zu dunkel backen. Vor dem Verzehr einige Tage feucht lagern und weich werden lassen.

Ergibt ca. 80 Stück oder 500 g auf 3 Backblechen.

Totenbeinchen

65 g Butter oder Margarine
125 g Zucker
2 Eier
1 TL Zimt
1 Pr. Salz
250 g Mehl Type 1050
200 g leicht geröstete Mandeln oder Haselnüsse

1 Eigelb und 2 EL Wasser zum Bepinseln

Dies schweizerische Weihnachtsgebäck mit dem merkwürdigen Namen hält sich, soweit nicht Naschkatzen vorzeitig die Dose leeren, sehr lange und kann daher schon im November gebacken werden.
Das Fett mit Zucker, Eiern, Zimt und Salz mit dem Elektroquirl schaumig rühren. Dann das Mehl und die Mandeln oder Nüsse unterarbeiten. Es ist ratsam, etwa ein Drittel der Mandeln oder Nüsse grob zu hacken, der Rest wird entweder ganz oder Länge nach halbiert dazu gegeben. Den Teig zu zwei Rechtecken von 1 cm Dicke und 10 cm Breite formen und am besten für 2 Stunden auf glatter Unterlage in den Kühlschrank oder für 20 Minuten in das Gefriergerät legen. Die Oberfläche mit verquirltem Ei bepinseln. Dann den Teig in knapp 1 cm breite Stängelchen schneiden. Auf Backpapier bei 200° C in 10–12 Minuten schön braun backen.

Ergibt ca. 50 Stück oder 650 g auf 2 Backblechen.

Mandelkrokantguetzli

250 g gestiftelte Mandeln
50 g Farinzucker
250 g Mehl
125 g Butter oder Margarine
150 g feiner Zucker
1 Pr. Salz
2 Eiweiß

Mehl zum Ausformen

1 Eiweiß und 50 g gehobelte Mandeln zum Wenden

Gut, daß es industriell gestiftelte Mandeln zu kaufen gibt, denn das Stifteln von Mandeln per Hand ist doch recht zeitraubend. Die Plätzchen bekommen durch die angerösteten Mandeln einen sehr intensiven, guten Mandelgeschmack und durch den leicht karamelisierten Zucker sind sie sehr knusprig.
Zunächst die Mandelstifte mit dem Zucker in einen Topf mit großem dicken Boden geben und unter stetigem Rühren hell rösten. Sofort in eine kalte Schüssel umschütten und in den Kühlschrank stellen.
Das Mehl auf das Backbrett häufen. Das in Flöckchen zerteilte Fett, den feinen Zucker, Salz und Eiweiß sowie die abgekühlten Mandeln dazugeben. Schnell alles zu einem glatten Teig verarbeiten. Zu 5 cm dicken Rollen formen. Eingepackt für mindestens 2 Stunden, besser über Nacht in den Kühlschrank legen. Die Rollen mit verquirltem Eiweiß bepinseln und in Mandelblättchen wälzen. Abermals kühlen.
Schließlich in 2–3 mm dicke Scheibchen schneiden. Auf Backpapier in 12 Minuten bei 180° C nicht zu dunkel backen.

Ergibt ca. 120 Stück oder 800 g auf 3 Backblechen.

Schwarz-Weiß-Gebäck

Zutaten wie für Mürbeteig s. S. 88

2 EL dunkler Kakao
2 EL Zucker
2 EL Rum oder Arrak

Mehl zum Ausrollen
1 Eiweiß zum Bepinseln

Um ein hübsches und appetitliches Gebäck zu erhalten, muß sehr genau gearbeitet werden.
Unter die Hälfte des Mürbeteiges die Mischung von Kakao, feinem Zucker und Rum oder Arrak kneten. Der dunkle Teig darf keinesfalls fester als der helle Teig sein.
Beide Teigsorten am besten zwischen Plastikfolie 3 mm dick ausrollen. Die helle Teigschicht dünn mit kaltem Wasser oder noch besser mit Eiweiß bepinseln, die dunkle darauf legen. Abermals die Oberfläche bepinseln. Alles zur Wurst aufrollen, so daß die helle Schicht außen ist. Kühlen, dann in 3 mm dicke Scheiben schneiden. Auf Backpapier legen. Alternativ eine dicke Wurst von dunklem Teig in eine dünne Hülle von hellen Teig wickeln. Weiter wie oben.
Bei 200° C in 10–12 Minuten hell backen.

Ergibt ca. 60 Stück oder 500 g auf 2 Backblechen.

Tannenzapfen

150 g Butter oder Margarine
125 g Zucker
1 Eigelb
1 Pk. Vanillinzucker
1 Pr. Salz
1 TL Instantkaffee
1 EL dunkler Kakao
1 EL Rum
250 g Mehl
1 TL Backpulver

Mehl zum Ausformen

2 EL Puderzucker zum Bestäuben

Das Backen dieser hübschen Plätzchen macht erfahrungsgemäß Kindern sehr viel Spaß. Sie sehen hübsch aus, schmecken vorzüglich und eignen sich darum gut als Weihnachtsgeschenk. Ihre Herstellung erfordert etwas Geduld.
Fett, Zucker, Eigelb, Vanillinzucker, Salz, Kaffeepulver, Kakao und Rum in eine Rührschüssel geben und mit den Schneebesen des Elektroquirls zu schaumiger Masse schlagen.
Dann die Schneebesen durch Knethaken austauschen. Das mit Backpulver gemischte Mehl unter die Eischaummasse kneten. Etwa 3 cm dicke Rollen formen und diese mindestens 2 Stunden kühlen.
Die Rollen etwas flachdrücken, damit die Plätzchen später eine ovale Form bekommen. 1/2 cm dicke Stücke abschneiden. Mit einer kleinen spitzen Schere die Schuppen einschneiden.
Auf Backpapier 12–15 Minuten bei 180° C backen. Danach mit Puderzucker überstäuben.
Tannenzapfen können auch aus dem Teig für falsches Butterbrot gebacken werden. Optisch fallen diese beiden Gebäcksorten so unterschiedlich aus, daß keiner die gleiche Teigsubstanz vermutet.

Ergibt ca. 45 Stück oder 500 g auf 2 Backblechen.

Mandelblättchen

250 g Mehl
1/2 TL Backpulver
15 g feiner Farinzucker
1/2 TL Zimt
1 Pr. Salz
125 g weiche Butter oder Margarine

1 Ei
125 g geschälte unzerkleinerte Mandeln

Mehl zum Ausformen

Unter der Bezeichnung »Butterfly« gibt es ähnliche, industriell hergestellte Plätzchen.
Das mit Backpulver gemischte Mehl auf die Arbeitsplatte häufen und mit Zucker, Zimt und Salz mischen. In die Mitte in eine Mulde das Fett, das Ei und die ganzen Mandeln geben. Alle Zutaten zum Teig verkneten. Eckige Stangen von ca. 3 x 5 cm formen. Eingepackt in das Gefrierfach legen. Am folgenden Tag herausnehmen und nach etwa 30 Minuten in 3–4 mm dicke Scheiben schneiden. Der Teig sollte dabei noch etwas gefroren sein. Für schöne Scheiben ist ein sehr scharfes Messer wichtig. Auf Backpapier legen und bei 220° C in etwa 10 Minuten knusprig backen.

Ergibt ca. 120 Stück oder 700 g auf 4–5 Backblechen.

Falsches Butterbrot

80 g Butter oder Margarine
100 g feiner Zucker
1 Ei
125 g geschälte gemahlene Mandeln
125 g geriebene bittere Schokolade
125 g Mehl

Zum Glasieren:
2 Eigelb
Mark von 1/4 Vanilleschote
ca. 75 g Puderzucker

25 g geschälte feingehackte Pistazien zum Bestreuen

Diese kleinen »Schnittlauchbrote« sehen nicht nur bildschön aus, sie schmecken auch gut!
Das Fett mit Zucker und Ei gut schaumig schlagen, nacheinander die Mandeln, Schokolade und das Mehl untermengen. Teig kurz kneten und zu einer langen Rolle formen. Diese in Brotform etwas flach drücken. In Pergamentpapier einschlagen. Am besten über Nacht kühlen. In 3 mm dicke Scheiben schneiden.
Auf mit Backpapier belegten Blechen gut 10 Minuten bei 180° C backen.
Eigelb mit Vanilleschote und Puderzucker zum dicklichen Guß verrühren, die Brote damit bestreichen. Einen Teil mit feingehackten Pistazien bestreuen.

Ergibt ca. 70 Stück oder 700 g auf 2 Backblechen.

Rumtaler

250 g Mehl
1 TL Backpulver
1 Pr. Salz
125 g geschälte, sehr fein gemahlene Mandeln
125 g Butter oder Margarine
125 g Puderzucker
2 Eigelb
3 EL Rum

Mehl zum Ausformen

125 g Puderzucker, 1 Eiweiß und 2 EL Rum zum Dekorieren

60 Pistazien und 30 rote kandierte Kirschen zum Garnieren

Die feinen und hübschen Rumtaler sind zum Nachmittagstee ideal.
Mehl mit Backpulver, Salz und Mandeln gemischt aufhäufen. Das in Flöckchen zerteilte, kalte Fett daraufgeben. Eine Mulde eindrücken. Dahinein Zucker, Eigelb und Rum geben. Rasch zu einem Mürbeteig verkneten. Eine 5 cm dicke Rolle formen, eingepackt im Kühlschrank kühlen.
Mit einem scharfen Messer in etwa 5 mm dicke Scheiben schneiden, in der Mitte etwas eindrücken.
Bei 180° C in 15–20 Minuten hell backen. Aus Puderzucker, Eiweiß und Rum einen dickflüssigen Guß rühren. Je einen Kleks Guß auf die Plätzchen geben. Eine geschälte, halbierte Pistazie und eine halbe Kirsche auf den Guß drücken.

Ergibt ca. 60 Stück oder 900 g auf 2–3 Backblechen.

Vanilletaler

Zutaten wie für Teig von Rumtalern

1 Eigelb und 2 EL Wasser zum Bepinseln

Zum Wenden:
Mark von 1/2 Vanilleschote
1 Pk. Vanillinzucker
50 g Hagelzucker

Wer schnell einen ganzen Berg guter Plätzchen backen möchte, bereitet vom Teig für Rumtaler gleich die doppelte Portion zu und variiert die zweite Hälfte so:
Die Rollen wie zuvor beschrieben kühlen. Vor dem Aufschneiden die zweite Rolle mit dem verquirltem Eigelb gleichmäßig, aber nicht zu dick bepinseln. Das Mark der Vanilleschote mit feinem Vanillinzucker und groben Hagelzucker mischen. Die Rolle darin wenden. In 4 mm dicke Scheiben schneiden und wie zuvor beschrieben backen.

Ergibt ca. 50 Stück oder 650 g auf 2–3 Backblechen.

Nougattaler

Zutaten wie für Teig von Rumtalern

250 g Nougat zum Füllen
evtl. 50 g dunkle Kuvertüre zum Bespritzen

Dies ist die zweite Variante des Rezepts für Rumtaler. Die Plätzchen, nicht ganz so dick geschnitten, werden ohne einzudrücken auf Backpapier gelegt und gebacken.
Nach dem Backen je zwei Taler mit Nougat zusammensetzen. Dafür Nougat leicht erwärmen, in einen Spritzbeutel mit Sterntülle geben und jeweils auf die Hälfte der Taler einen Tupfer spritzen oder das geschmolzene Nougat mit einem Messer dick auftragen.
Vor dem Verpacken die Plätzchen an kühler Stelle über Nacht stehen lassen, damit das Nougat wieder fest wird. Wer will, kann die Oberfläche zusätzlich noch mit Kuvertürestreifen hübsch garnieren. Dafür am besten die Kuvertüre in einen kleinen, festen Tiefkühlbeutel füllen und eine Spitze abschneiden.

Ergibt ca. 30 Stück oder 750 g auf 2 Backblechen.

Mandelbrot

3 Eier
200 g Zucker
250 g Mandeln
2 TL Zimt
1 Msp. gemahlener Nelkenpfeffer
1 Pr. Salz
350 g Mehl
1 1/2 TL Backpulver

1 Eigelb und 2 EL Wasser zum Bepinseln

Ein vorzügliches, apart aussehendes, recht schnell hergestelltes Gebäck, ideal für Kurzentschlossene. Da es nicht sehr süß ist, schmeckt es auch zu Wein.

Eier und Zucker mit dem Elektroquirl gut schaumig schlagen. Die Schneebesen durch Knethaken austauschen. Dann die ungeschälten, nicht zerkleinerten Mandeln und Gewürze unterarbeiten. Das Mehl mit Backpulver gemischt unterkneten. Den Teig zum Schluß mit den Händen kneten. Zwei etwa 5 cm breite Brote in der Länge des Backblechs formen. Auf Backpapier legen. Mit dem verquirltem Eigelb bepinseln.

Bei 180° C etwa 30 Minuten backen. Noch warm diagonal in knapp 1 cm breite Scheibchen zerschneiden.

Ergibt ca. 60 Stück oder 850 g auf 1 Backblech.

Krainer Potizen

125 g dunkler Honig
250 g gemahlene Haselnüsse
1 TL Zimt
1/2 TL gemahlene Nelken
1 Eigelb
1 EL Rum

250 g Mehl
20 g Hefe oder
1/2 Pk. Trockenhefe
40 g Zucker
1/8 l Milch
2 Pr. Salz

Mehl zum Ausrollen
Milch zum Bepinseln

200 g Puderzucker und 3 EL Zitronensaft zum Bepinseln

Dies ist ein altes Klosterrezept. Mönche und Nonnen wußten stets eine gute Küche zu schätzen.
Den Honig schmelzen, dann die leicht gerösteten, gemahlenen Haselnüsse und Gewürze zugeben. Kurz vor der weiteren Verarbeitung der Füllung ein Eigelb und Rum unterrühren.
Aus den restlichen Zutaten mit dem verbliebenen Ei eine weichen Hefeteig bereiten. Nach dem Gehen in zwei Portionen zu langen Rechtecken ausrollen. Diese mit der Füllung bestreichen. Nochmals der Länge nach durchschneiden. Dann zu insgesamt vier langen dünnen Rollen aufrollen. Mit Milch bepinseln. Etwas gehen lassen.
Bei 200° C 40–50 Minuten backen. Noch heiß mit Zitronenguß bepinseln und mit einem scharfen Messer mit glatter Klinge in daumenbreite Scheiben schneiden.
Bald verzehren, weil sie leicht schimmeln.

Ergibt ca. 70 Stück oder 900 g auf 1–2 Backblechen.

Bauernbrot

3 Eier
250 g Zucker
50 g geschälte, gemahlene Mandeln
50 g kleingewürfeltes Zitronat
30 g kleingewürfeltes Orangeat
2–3 TL Zimt
1 Msp. Nelken
Schale von 1 ungespritzten Zitrone
375–400 g Mehl
1 TL Backpulver
1 Pr. Salz

150 g dunkle Kuvertüre

Dieses Gebäck eignet sich gut zum Verschicken, weil es nicht unbedingt gleich nach dem Backen geschnitten werden muß. Man kann es auch im ganzen versenden und dann erst später schneiden. Allerdings sollte es nicht allzu trocken werden, darum am besten in Alufolie einpacken.
Eier und Zucker schaumig rühren. Zunächst die geschmacksgebenden Zutaten, dann das mit Backpulver und Salz gemischte Mehl dazugeben. Drei etwa 30 cm lange Rollen formen, diese etwas flachdrücken.
Auf Backpapier ca. 20 Minuten bei 200° C backen. Mit dem Hölzchen die Garprobe machen. Noch heiß mit zerlassener Kuvertüre bepinseln, dann in 3/4 cm dicke Scheiben schneiden.

Ergibt ca. 100 Stück oder 1 kg auf 1 Backblech.

Den Teig auf ein Blech streichen

Neben der »Häufchen-« und der »Rollenmethode« ist dieses die schnellste Art, um eine größere Anzahl gleichgeformter Plätzchen herzustellen.
Wir haben auch bei dieser Herstellungsart die besten Erfahrungen mit Backpapier, siehe S. 16 und 17, gemacht.

Die Größe unserer Kuchenbleche variiert nur geringfügig, ihre Qualität dagegen sehr. Teflonbeschichtete sind wegen des Antihafteffektes sehr günstig, für diese Verarbeitung aber abzulehnen, weil sie nicht alle schnittfest sind.
Aluminiumbleche verbeulen rasch, außerdem bleibt der Teig daran kleben. Schwarzblech leitet die Wärme gut, ist robust und preiswert. Das gleiche gilt auch für dunkle Emaillebleche. Bei großen Teigmengen, beispielsweise Honigkuchen, bewährt sich das tiefe Grillblech am besten.

Je nach Konsistenz des Teiges wird er auf dem Blech oder auch, bei festen Teigen und soweit das Blech plan ist, auf der Rückseite des Blechs ausgerollt oder -gestrichen. Damit der Teig nicht am Rollholz kleben bleibt, wird er zunächst etwas flach gedrückt und dann wahlweise mit einem zweiten Stück Backpapier oder mit dicker Plastikfolie, wie sie auch zum Tiefkühlen gebraucht wird, abgedeckt. Dann kann gut ausgerollt werden und die zusätzliche Mehlzugabe ist minimal.
Natürlich muß vor dem Backen das deckende Backpapier oder die Folie entfernt werden. Gelegentlich rollten wir den Teig auch zwischen zwei Lagen Plastikfolie oder Vanillinzucker auf dem Nudelbrett aus und hoben ihn anschließend auf das Backblech.
Manche Teige werden vor dem Backen geschnitten und dekoriert. Bei anderen erfolgt das Schneiden nach dem Backen im heißen oder abgekühlten Zustand. Einzelheiten gehen jeweils genau aus den Beschreibungen hervor.

Zum gleichmäßigen Schneiden der Backwaren ist ein gutes Lineal ein vorzügliches Hilfsmittel. Wir wählten ein farbiges, weil man es in der manchmal chaotisch aussehenden Küche schnell wiederfindet. Der Backrost kann ebenfalls für die gleichmäßige Größe der Gebäckstücke eine gute Hilfe sein.

Grundsätzlich bietet sich das Zerteilen in Quadrate, Rechtecke, Dreiecke oder Rauten an. Weiche Teige können im gebackenen Zustand auch mit Hilfe eines scharfkantigen Weinglases zu Halbmonden ausgestochen werden. Dabei ist der Teigabfall sehr gering. Außerdem haben wir Tannenbäume und Herzen geschickt ganz ohne Abfälle ausgestochen.

Mandelhalbmonde

250 g Butter oder Margarine
200 g feiner Zucker
2 Eier
3 Eigelb
250 g Mehl
50 g Speisestärke
1 TL Backpulver
3 TL dunkler Kakao
1 Pr. Salz
1/2 TL Zimt
1 Msp. Kardamom
1 Msp. gemahlene Nelken

3 EL bittere Orangenmarmelade und 2–3 EL Rum zum Bestreichen

Für die Makronenmasse:
3 Eiweiß
50 g Zucker
150 g geschälte, feingemahlene Mandeln
feingeriebene Schale von 1 unbehandelten Orange

125 g Puderzucker, 1/4 Eiweiß und einige Tropfen grüne Speisefarbe

Diese aparten Halbmonde sind recht schnell gebacken, sie werden erst nach dem Backen ausgestochen. Wer es eilig hat, kann den fertigen Teig auch in Quadrate und Rechtecke schneiden.
Mit dem Elektroquirl das Fett mit Zucker, Eier und Eigelb gut schaumig schlagen. Das mit Speisestärke, Backpulver und Gewürzen gemischte Mehl bei geringer Schaltstufe untermischen. Den Teig mit einem Spachtel auf ein mit Backpapier belegtes Backblech streichen. Zum Schluß den Spachtel mit kaltem Wasser etwas befeuchten, damit die Oberfläche auch schön glatt wird.
Bei 200° C im vorgeheizten Backofen vorbacken, bis die Oberfläche fest ist. Inzwischen für die Makronenmasse die Eiweiß steifschlagen, den Zucker unterschlagen. Vorsichtig Mandeln und Orangenschale untermengen.
Den vorgebackenen Teig mit leicht erwärmter und mit Rum verrührter Orangenkonfitüre bepinseln. Makronenmasse daraufstreichen. Weitere 15–20 Minuten backen.
Aus Puderzucker, Eiweiß und Lebensmittelfarbe einen peppig grünen Guß rühren. In einen kleinen Tiefkühlbeutel füllen. Eine Spitze fein abschneiden. Den Guß in unregelmäßigen Zickzacklinien auf die Teigplatte spritzen. Mit Hilfe einer Ausstechform oder eines Wasserglases mit scharfer Kante Halbmonde ausstechen. Der Teigabfall ist dabei ganz gering.

Ergibt ca. 60 Stück oder 1,4 kg auf 1 Backblech.

Schnelle Haselnußschnitten

150 g Haselnüsse
3 Eier
150 g Farinzucker
3 EL Wasser
150 g Mehl
1 TL Backpulver
1 TL Zimt
1 Msp. Nelkenpfeffer
100 g bittere Orangenkonfitüre
2 EL Rum
150 g Nougat

100 g dunkle Kuvertüre oder 150 g Puderzucker und 3 EL Arrak zum Verzieren

Nüsse 5–8 Minuten im Backofen hell rösten. Auf ein Tuch geben, die Häutchen abreiben, die Nüsse mahlen.
Mit dem Elektroquirl Eigelb mit Wasser und Farinzucker sehr schaumig schlagen. Mit Backpulver gemischtes Mehl, Gewürze, Orangenkonfitüre, die bei milder Hitze aufgelöste Nougatmasse und Nüsse dazugeben.
Eiweiß schlagen, unterziehen. Den Teig auf ein mit Backpapier belegtes Blech streichen, die Oberfläche mit einem nassen Spachtel glätten.
Bei 200° C ca. 25 Minuten backen. Die zerlassene Kuvertüre oder den Guß in einen Tiefkühlbeutel geben, Spitze abschneiden, Zickzacklinien auf die heiße Teigplatte ziehen. Mit Messer und Lineal in Rauten schneiden oder Herzen, Tannenbäumchen oder Halbmonde ausstechen.

Ergibt ca. 60 Stück oder 1 kg auf 1 Backblech.

Orangen- und Zitronenschnitten

500 g Mehl
2 TL Backpulver
2 Pr. Salz
150 g feiner Zucker
2 Pk. Vanillinzucker
250 g Butter oder Margarine
2 Eier

Für die Füllung:
250 g geschälte, gemahlene Mandeln
250 g feiner Zucker
Saft und Schale von je 1 unbehandelten Orange und Zitrone

Zum Bepinseln:
200 g Puderzucker
2 EL Orangensaft
2 EL Zitronensaft

Zum Bestreuen:
je 30 g Orangeat und Zitronat
2 EL Pistazien

Das mit Backpulver und Salz gemischte Mehl auf die Arbeitsplatte geben. Zucker, Vanillinzucker, Fettflöckchen und Eier auf den Mehlberg setzen. Alles mit einem großen Messer verhacken und rasch mit kühlen Händen zu einem glatten Teig verkneten. Diesen kühl stellen.
Inzwischen mit jeweils der Hälfte der Mandeln, des Zuckers, des Orangen- und Zitronensafts sowie der Zitrusschale zwei Füllungen bereiten.
Den Teig in zwei Partien zwischen Backpapier ausrollen. Eine Teigplatte aufs Blech legen, das obere Papier abziehen. Die rechte und linke Hälfte je mit einer Sorte Füllung bestreichen. Die zweite Teigdecke darauf legen, etwas andrücken. Mit der Gabel einige Male einstechen. Etwa 25–30 Minuten bei 200° C backen.
Noch heiß die eine Hälfte mit Orangen-, die andere Hälfte mit Zitronenguß bepinseln. Feine Streifen von Zitronat und Orangeat darauf legen und gehackte Pistazien aufstreuen. Gebäck in 5 x 5 cm große Rechtecke schneiden, diese diagonal teilen.

Ergibt ca. 84 Stück oder 1,8 kg auf 1 Backblech.

Zitronen-Geleeschnitten

Zutaten wie für Mürbeteig s. S. 88
100 g geschälte, gemahlene Mandeln

150 g Johannisbeergelee zum Füllen

Zum Glasieren:
200 g Puderzucker
1 EL Eiweiß
2–3 EL Zitronensaft

50 g halbierte, geschälte Mandeln zum Garnieren

Frisch und apart im Geschmack, auch ein vorzügliches Gebäck zu Eis oder fruchtigen Süßspeisen.
Den Mürbeteig mit Mandeln verkneten. Den Teig in zwei Portionen zwischen Backpapier rechteckig in Blechgröße ausrollen. Auf Backbleche legen, oberes Backpapier abziehen.
Die Teigplatten bei 200° C in ca. 12 Minuten goldgelb backen. Die Unterseiten mit Gelee bestreichen. Mit den Unterseiten beide Platten zusammenkleben.
Die Oberfläche anschließend mit einem Guß aus Puderzucker, Eiweiß und Zitronensaft bepinseln. Den noch warmen Teig rasch in 3 cm große Quadrate schneiden. Wer will, kann die Quadrate jeweils mit einer leicht gerösteten Mandelhälfte garnieren.

Ergibt ca. 120 Stück oder 1,1 kg auf 2 Backblechen.

Orangen-Schokoladenplätzchen

175 g Mehl
75 g Speisestärke
1 TL Backpulver
feingeriebene Schale von 1 unbehandelten Orange
1 Pr. Salz
100 g Zucker
125 g Butter oder Margarine
1 Ei
125 g bittere, geriebene Schokolade

Ein sehr praktisches Rezept, da kaum Teigabfälle beim Ausformen entstehen.
Das mit Stärke und Backpulver gemischte Mehl auf die Arbeitsplatte sieben. Orangenschale, Salz und Zucker daraufgeben, das Fett in Flöckchen und das Ei darüber verteilen. Die zuvor tiefgekühlte Schokolade am besten gleich über den Mehlberg reiben. Die Zutaten mit einem großen Messer kleinhacken und rasch zu einem glatten Teig verkneten. Mindestens 30 Minuten kühlen.
Den Teig auf Backpapier ausrollen. Die Teigplatte mit Hilfe des Papiers auf ein Backblech heben.
Erst jetzt Rechtecke in der Größe von 2,5 x 5 cm ausrädeln oder schneiden. Bei 200° C ca. 10 Minuten backen. Wer will, kann das Gebäck zusätzlich mit einem Orangenguß überziehen.

Ergibt ca. 60 Stück oder 600 g auf 1 Backblech.

Walnußschnitten

100 g Butter oder Margarine
250 g Zucker
6 Eier
175 g Mehl
2 TL Backpulver
1 Pr. Salz
1 Pk. Vanillinzucker
200 g gemahlene Walnußkerne
2 TL Zimt

Das Gebäck aus Ungarn schmeckt nicht nur zur Weihnachtszeit.
Mit dem Elektroquirl Fett mit 100 g Zucker und 2 Eigelb schaumig rühren. Das mit Backpulver und Salz gemischte Mehl zufügen. Den Teig auf ein mit Backpapier belegtes Blech streichen. Die Kanten des Papiers etwas hochkniffen. 5 Minuten bei 200° C backen.
Inzwischen die restlichen Eigelb mit dem Zucker schaumig rühren. Vanillinzucker, Walnüsse und Zimt sowie die steifgeschlagenen Eiweiß unterheben. Die Masse auf den vorgebackenen Teig streichen. Die Oberfläche mit einem nassen Spachtel etwas glätten. Nochmals 20 Minuten backen. Etwas auskühlen lassen. Erkaltet mit scharfem Messer mit glatter Klinge in Streifen von 2 x 5 cm schneiden.
Das Rezept kann auch mit Haselnüssen oder Mandeln abgewandelt werden.

Ergibt ca. 100 Stück oder 900 g auf 1 Backblech.

Muskeziner

4 Eier
200 g sehr feiner Zucker
350 g ungeschälte, gemahlene Mandeln
1/2 TL Zimt
1/2 TL gemahlene Nelken
1 Msp. geriebene Muskatnuß
1 Msp. gemahlen Nelken
1 Pr. Salz

Dieses Rezept stammt aus einem sehr alten fränkischen Kochbuch. In der dortigen Region ist es sehr populär.
Mit den Schneebesen des Elektroquirls die Eier mit dem Zucker so lange schaumig schlagen, bis die Masse ganz weiß aussieht und der Zucker nicht mehr knirscht. Dann die übrigen Zutaten mit den Knethaken untermengen. Den Teig mit einem Spachtel »so dünn wie ein Federkiel«, also etwa 4 mm stark, auf ein mit Backpapier belegtes Blech ausrollen, dabei die Oberfläche mit Plastik abdecken und möglichst eine rechteckige Form einhalten. Die Plastikfolie wieder entfernen. Bei 160° C ca. 20 Minuten backen. Die Muskeziner sollen nicht bräunen, müssen aber trocken sein. In Rechtecke von 4 x 6 cm schneiden, noch kurz im warmen Backofen abtrocknen lassen.

Ergibt ca. 30 Stück oder 600 g auf 1 Backblech.

Zimtkarten

1 Ei
250 g Mehl
1 TL Zimt
100 g sehr feiner Zucker
150 g Butter oder Margarine
2 Eigelb
1 Pr. Salz

2 Eiweiß zum Bestreichen

50 g Mandelblättchen zum Bestreuen

Je dünner umso feiner. Aber aufpassen, das Gebäck wird leicht zu dunkel.
Das Mehl auf die Arbeitsplatte häufen. Zimt und Zucker mischen und daraufgeben. Die Butter in Flöckchen, die Eigelb sowie das Salz dazugeben. Alle Zutaten rasch mit einem großen Messer verhacken und mit kühlen Händen zu einem glatten Teig verkneten. In 2 Portionen teilen, 20 Minuten kühlen.
Zwischen 2 Bögen Backpapier in Blechgröße ausrollen. Auf ein Blech legen und andrücken.
Papier abziehen. In 3 x 4 cm große Rechtecke schneiden. Mit Eiweiß bepinseln, mit Mandelblättchen bestreuen, leicht andrücken.
Bei 180° C in 10–12 Minuten nicht zu dunkel backen. Sie können das Gebäck aber auch erst nach dem Backen schneiden.

Ergibt ca. 60 Stück oder 500 g auf 1 Backblech.

Janhagel

75 g Zucker
150 g Butter oder Margarine
1 Pr. Salz
200 g Mehl
1 TL Backpulver

Zum Bestreuen:
50 g gehobelte Mandeln
25 g grober Zucker oder Hagelzucker

Ein holländisches Rezept, welches wenig Zeit erfordert und immer gern gegessen wird.
Zucker, Fett und Salz mit dem Elektroquirl schnell verrühren, Mehl unterkneten. Den Teig auf Backpapier in Blechgröße ausrollen. Mit Mandelblättchen und grobem Einmachzucker bestreuen. Den Belag mit dem Rollholz andrücken.
Bei nur 160° C in etwa 20 Minuten nicht zu dunkel backen. Sogleich in Rechtecke von etwa 5 x 3 cm Kantenlänge schneiden.

Ergibt ca. 42 Stück oder 500 g auf 1 Backblech.

Blitzgebäck

125 g Butter oder Margarine
125 g feiner Zucker
4 Eier
125 g Mehl
feingeriebene Schale von 1/2 unbehandelten Zitrone
1 Pk. Vanillinzucker

50 g gestiftelte Mandeln zum Bestreuen

Dieses Gebäck trägt seinen Namen zu recht, denn frisch schmeckt es am besten.
Das Fett mit Zucker und Eiern mit dem Elektroquirl gut schaumig schlagen. Dann das Mehl und die Gewürze dazugeben. Den Teig auf ein mit Backpapier belegtes Blech streichen. Zum Glätten der Oberfläche den Spachtel immer wieder mit kaltem Wasser benetzen. Mandelstifte darauf streuen.
Bei 200° C in 12 Minuten hell backen. Noch heiß in 5 cm große Quadrate schneiden, diese nach Belieben noch diagonal teilen.

Ergibt ca. 30–60 Stück oder 400 g auf 1 Backblech.

Streuselplätzchen

300 g Mehl
100 g feiner Zucker
1 Pk. Vanillinzucker
1 Pr. Salz
1 Ei
200 g Butter oder Margarine

Für die Streusel:
75 g Mehl
50 g feiner Zucker,
1 Pk. Vanillinzucker,
1/2 TL Zimt
50 g Butter oder Margarine

Ideales Rezept für eilige Bäckerinnen. Das Mehl auf eine Arbeitsplatte häufen. Den Zucker, Vanillinzucker, Salz, das Ei und das in Flöckchen zerteilte Fett daraufgeben. Alle Zutaten rasch zum Teig verkneten. Auf einem mit Backpapier belegtem Blech ausrollen.
Aus Mehl, Zucker, Vanillinzucker, Zimt und Fett durch Kneten mit der Gabel Streusel bereiten. Die Teigplatte großzügig mit Wasser bepinseln, die Streusel darauf verteilen.
Bei 200° C in etwa 15 Minuten schön goldbraun backen. Noch heiß diagonal in Rauten von 5 cm Kantenlänge schneiden. Wer will, kann zusätzlich noch etwas Zucker darauf streuen.

Ergibt ca. 70 Stück oder 800 g auf 1 Backblech.

Berliner Brot

2 Eier
4 EL weißer Rum oder Arrak
250 g weißer oder Farinzucker
100 g feingehackte, bittere Schokolade
1 Pr. Salz
50 g gehacktes Zitronat
250 g Mehl
1 TL Backpulver
1 EL Zimt

125 g Puderzucker und 2 TL Zitronensaft zum Bepinseln

Ein typisch deutsches Weihnachtsgebäck, das erst einige Tage nach dem Backen gut schmeckt.
Zunächst die Eier mit Rum oder Arrak und Zucker am besten mit dem Elektroquirl sehr schaumig schlagen. Mit Hilfe des Knethakens die übrigen Zutaten unterarbeiten.
Den Teig etwa 5 mm dick auf ein mit Backpapier belegtes Blech streichen. Die Oberfläche mit einem nassen Spachtel glätten.
Bei 200° C 15–20 Minuten backen. Noch heiß gleichmäßig mit dem Zitronenguß bepinseln und in 2 x 8 cm große Rechtecke schneiden. Feucht lagern, damit sie weich werden.

Ergibt ca. 60 Stück oder 850 g auf 1 Backblech.

Baumkuchenwürfel

200 g Butter
150 g feiner Zucker
2 Eier
2 Eigelb
1 Pr. Salz
4 EL Orangenlikör (Grand Marnier)
Mark von 1/2 Vanilleschote
200 g Mehl
1 TL Backpulver
50 g geschälte, feingemahlene Mandeln

4 EL Orangenkonfitüre zum Bestreichen

200 g dunkle Kuvertüre zum Eintauchen

Zum Bepinseln:
250 g Puderzucker
1 Eiweiß
4 EL weißer Rum

Für dieses feine Gebäck der hohen Backkunst benötigen Sie neben besten Zutaten eine gute Portion Geduld. Aber es lohnt sich!
Aus Butter, Zucker, Vanille, Eiern, Eigelb, Salz und Orangenlikör mit dem Elektroquirl eine sehr schaumige Masse schlagen. Das mit Backpulver gemischte Mehl und die Mandeln darunterrühren. Ein Backblech mit Backpapier belegen, die Kanten rundherum hochknicken.
Etwa 4–5 Eßlöffel Teig sehr dünn mit einem Spachtel darauf streichen. Im vorgeheizten Backofen auf der obersten Schiene bei 200° C goldgelb backen. Das Blech herausnehmen, eine zweite dünne Teigschicht darauf streichen. Wieder backen. Diesen Vorgang wiederholen, bis der Teig verbraucht ist. Sollte der Teig von unten zu dunkel werden, entweder weitere Bleche als Hitzesperre unten einschieben oder den Grill einschalten.
Den Teig vom Papier lösen. In 3 Streifen schneiden. Mit Orangenkonfitüre aufeinander kleben.
Mit einem Brett und einem Gewicht beschwert über Nacht stehen lassen oder die dreifache Teigmenge bereiten, dann müssen die Schichten nicht aufeinander geklebt werden. Stattdessen leicht mit Orangenlikör oder Rum beträufeln.
In etwa 2,5 cm große Quadrate oder 2 x 4 cm große Rechtecke schneiden. Die erste Hälfte des Gebäcks mit einer großen, zweizinkigen Brat- oder Konfektgabel in im Wasserbad zerlassene Kuvertüre tauchen und auf einem Gitter abtropfen lassen. Alufolie unter das Gitter legen! Die zweite Hälfte in Rumguß tauchen.

Ergibt ca. 60 Stück oder ca. 900 g auf 1 Backblech.

Kuchen-, Kuvertüre- und Gußreste anderweitig verwenden.

Mit dem Spritzbeutel...

Das Hantieren mit dem Spritzbeutel flößt vielen Bäckerinnen Furcht ein und wird oft als zu umständlich betrachtet. Dabei ist es leicht, wenn man erst einmal die Grundkniffe beherrscht. Einmal gewußt, wie es geht, entstehen im Handumdrehen mehrere Bleche mit wunderschönen Plätzchen. Ein guter Spritzbeutel soll ziemlich groß sein. Das beste Material ist plastikkaschiertes, nicht zu steifes Leinen. Auf eine gute Verarbeitung, zum Beispiel doppelte Nähte, ist zu achten. Auch auf gute Spritztüllen sollte man Wert legen. Am besten kauft man sie in einem Fachgeschäft für Bäckereibedarf.

Eigentlich benötigt man nur drei oder vier, nämlich eine glatte und eine gezackte große und kleine Tülle. Am besten läßt sich die gleichmäßige Zahnung beurteilen, wenn man vom weiten Ende her durch die Spitze schaut.

Der obere Rand wird etwa 3 bis 4 Finger breit umgeschlagen, ehe der Teig eingefüllt wird. Dann verschmutzt der Beutel nicht. Nun den Beutel 2 cm breit umschlagen. Den Teig durch stoßende Bewegungen zur Tüllenspitze befördern. Schließlich den oberen Rand in Zickzacklinien falten.

Für große Sterne den Beutel senkrecht halten und stark pressen, dann abziehen. Dabei aufpassen, daß keine lange Spitze, die verbrennen würde, entsteht.

Für »S« und Sterne den Beutel leicht schräg halten und mit gleichmäßigem Druck spritzen. Je enger das »S«, um so bruchfester wird das Gebäck.

Für Brezeln eine glatte Tülle einsetzen. Für den Anfänger ist es praktisch, die ersten 10 Brezeln aufs Backpapier aufzumalen. Den Beutel leicht schräg halten und gleichmäßig wegziehen. Der Teig darf weder zu fest noch zu weich sein.

Besondere Geschicklichkeit erfordern Wellen- und Schlangenlinien für Baisers. Aber es macht Spaß, wenn man die Technik beherrscht. Darum lohnt es sich, frühzeitig an einem freien Nachmittag mit lauwarmem Kartoffelpüree auf einem Backblech zu üben.

Ein Keksautomat aus Aluminium ist eine gute Hilfe für das schnelle Zubereiten größerer Gebäckmengen. Allerdings muß die Gebrauchsanleitung gründlich studiert und befolgt werden. Hat man erst einmal den Bogen raus, macht es Spaß.

Wird dem Teig für den Spritzbeutel oder den Keksautomat Mandeln und Nüsse zugefügt, müssen diese sehr gleichmäßig und fein gemahlen sein, weil sie sonst die Tüllen verstopfen. Der Ärger wäre größer als der Zeitgewinn.

Spritzgebäck

150 g Butter oder Margarine
120 g Puderzucker
60 g Speisestärke
Mark von 1/2 Vanilleschote oder
1 Pk. Vanillinzucker
1 Pr. Salz
250 g Mehl
ca. 1/8 l Milch

100 g Kuvertüre zum Eintauchen
Nonpareille zum Bestreuen

Das beliebte Spritzgebäck wird besonders mürbe, wenn auf Zugabe von Eiern oder Eigelb ganz verzichtet wird. Dieses Rezept stammt aus Holland.
Das Fett mit Zucker, Speisestärke und Gewürzen am besten mit dem Elektroquirl sehr schaumig schlagen. Dann das Mehl und so viel Milch zugeben, bis eine spritzfähige Masse entstanden ist. Den Teig entweder in einen Spritzbeutel füllen oder bei größeren Mengen durch den Fleischwolf mit Spritzvorsätzen drehen. »S«, Kringel und Stangen mit Abstand auf Backpapier spritzen. Bei 175° C in etwa 15 Minuten goldbraun backen. Zur Hälfte in Kuvertüre tauchen. Als Weihnachtsgebäck mit Nonpareille bestreuen.

Ergibt ca. 50 Stück oder 700 g auf 2 Backblechen.

Gespritzte Mandel-»S«

250 g Butter oder Margarine
150 g feiner Zucker
2 Eigelb
1 EL Rum oder Arrak
1 Pk. Vanillinzucker
1 Pr. Salz
150 g geschälte, gemahlene Mandeln
350 g Mehl
2–3 EL Milch

150 g dunkle Kuvertüre zum Eintauchen oder 2 EL Hagelzucker

Dieses ist die feinere Version des beliebten Spritzgebäcks.
Das Fett mit Zucker, Eigelb, Rum oder Arrak, Vanillinzucker und Salz in einer Schüssel mit dem Elektroquirl gut schaumig rühren. Die sehr gleichmäßig feingeriebenen Mandeln abwechselnd mit dem Mehl zugeben, außerdem soviel Milch, daß eine spritzfähige Masse entsteht.
Auf Backpapier nicht zu dicht »S« aufspritzen. Je enger die Balken der »S« aneinanderstoßen, um so geringer ist die Gefahr, daß die Plätzchen später zerbrechen. Eventuell zuvor Linien aufs Backpapier ziehen, damit die Plätzchen gleichmäßig werden.
Bei 180° C ca. 15 Minuten backen.
Nach dem Abkühlen zur Hälfte in im Wasserbad geschmolzener Kuvertüre tauchen. Auf einem Gitter trocknen lassen. Oder die »S« vor dem Backen mit Hagelzucker bestreuen, diesen etwas andrücken.

Ergibt ca. 65 Stück oder 1 kg auf 3 Backblechen.

Schokoladen-»S«

250 g Butter oder Margarine
125 g Puderzucker
1 Ei
1 Eigelb
1 Pr. Salz
350 g Mehl
3 EL dunkler Kakao

50 g geriebene Haselnüsse zum Bestreuen

100 g dunkle Kuvertüre zum Bepinseln
Pistazien zum Bestreuen

Fett, Puderzucker und Ei schaumig rühren. Salz, Mehl und Kakao unterrühren. Eventuell noch etwas Milch zugeben. Den Teig portionsweise in den Spritzbeutel mit glatter Tülle füllen, wie zuvor beschrieben.
Auf mit Backpapier belegte Bleche »S« aufspritzen.
3–5 Minuten bei 175° C backen. Dann die Haselnüsse auf das Gebäck streuen. Anschließend noch weitere 12 Minuten backen.
Die Unterseite mit im Wasserbad geschmolzener Kuvertüre bepinseln oder die ganzen Plätzchen in Kuvertüre tauchen und mit gehackten Pistazien bestreuen.

Ergibt ca. 44 Stück oder 900 g auf 3 Backblechen.

Gespritztes Sandgebäck

150 g Butter oder Margarine
125 g Puderzucker
65 g Speisestärke
1 Pk. Vanillinzucker oder Mark von 1/2 Vanilleschote
1 Pr. Salz
275 g Mehl
ca. 6 EL Milch

100 g kandierte Kirschen zum Garnieren

Wer mit dem Spritzbeutel umzugehen versteht, wird staunen, wie rasch er eine große Portion feines, rösches Gebäck produziert.
Butter, Puderzucker, Speisestärke, Vanillinzucker oder Vanillemark und Salz in einer Schüssel rasch mit dem Elektroquirl vermischen. Das Mehl bei geringer Laufgeschwindigkeit untermischen. Je nach Konsistenz des Teiges mehr oder weniger Milch zugeben. Teig in einen Spritzbeutel mit großer Sterntülle füllen. Auf mit Backpapier belegte Bleche nicht zu kleine Tupfer mit Abstand spritzen, sie laufen noch etwas auseinander. Mit je einer halben Kirsche garnieren. Bei milder Hitze (180° C) in ca. 12 Minuten nicht zu dunkel backen.

Ergibt ca. 50 Stück oder 600 g auf 2 Backblechen.

Marmorröschen

Zutaten wie für gespritztes Sandgebäck und:
2 EL dunkler Kakao
2 EL feiner Zucker
2 EL Sahne

Dieses ist eine hübsche Variation des vorherigen Rezepts. Ohne große Mühe können Sie somit einen Teig auf zweierlei Art verarbeiten.
Kakao mit Zucker und Sahne verrühren und unter die Hälfte des Teiges mischen. Beide Teigsorten nur leicht miteinander vermengt in den Spritzbeutel füllen und Röschen spritzen. Eventuell noch mit Mandelhälften garnieren.

Ergibt ca. 50 Stück oder 600 g auf 2 Backblechen.

Katzenzungen

100 g Butter oder Margarine
100 g Puderzucker
2 Eiweiß
100 g Mehl
1 Pr. Salz
1 Pk. Vanillinzucker

Ein hauchfeines und zartes Gebäck, nicht gerade geeignet, um eine große Gruppe von Süßmäulern zu sättigen. Dafür aber als Beigabe zu feinen Süßspeisen oder für den anspruchsvollen Weihnachtsteller sehr zu empfehlen.
Das Fett mit dem Zucker und dem Eiweiß – am besten in einem hohen Rührbecher – mit dem Elektroquirl sehr gut miteinander vermengen.
Das gesiebte Mehl, Salz und Vanillinzucker untermischen. Den Teig in einen Spritzbeutel mit glatter Tülle füllen. Auf Backpapier Katzenzungen spritzen, dabei den Spritzbeutel am Anfang und am Ende des Streifens etwas länger auf dem Papier belassen. So erzielen Sie die typische Form.
Bei 180° C ca. 7 Minuten backen. Sollten die Katzenzungen zu breit auslaufen, noch etwas Mehl unterrühren, sie dürfen aber durchaus sehr dünn werden.

Ergibt ca. 30 Stück oder 250 g auf 4 Backblechen.

Schlesische Mohnkränzchen

175 g Butter oder Margarine
100 g feiner Zucker
1 Ei
1 Pk. Vanillinzucker
100 g Mohn
250 g Mehl
1 Pr. Salz

Da diese Plätzchen nicht sehr süß sind, finden sie viel Zuspruch. Den Mohn unbedingt erst kurz vor der Zubereitung mahlen, weil er sonst ranzig wird.
Das Fett mit Zucker und Ei sehr schaumig rühren. Nacheinander die restlichen Zutaten untermischen. Den Teig in einen Spritzbeutel mit Sterntülle geben. Auf Backpapier etwa 6 cm große Kränze spritzen.
Bei 180° C in 10–12 Minuten nicht zu dunkel backen.

Ergibt ca. 26 Stück oder 600 g auf 3 Backblechen.

Bärentatzen

2 kleine Eier
125 g Zucker
50 g Marzipanrohmasse
250 g Butter oder Margarine
1 Pr. Salz
feingeriebene Schale von
1 unbehandelten Zitrone
200 g Mehl
175 g Speisestärke
60 g dunkler Kakao

100 g Nougat zum Zusammensetzen

100 g Kuvertüre zum Eintauchen

Für diese feinen Schokoladenplätzchen gibt es zwar auch Spezialformen, aber mit den Spritzbeutel geht es auch ohne diese.
Eier, Zucker und Marzipanrohmasse in ein hohes Rührgefäß geben und mit dem Elektroquirl gut verschlagen. Fett dazugeben, ebenfalls schaumig schlagen. Die Gewürze und das mit Stärke und Kakao gemischte Mehl darunterrühren. Den Teig in einen Spritzbeutel mit großer Sterntülle füllen. Auf mit Backpapier belegte Bleche Tatzen spritzen. Dafür die Tülle zunächst auf das Blech aufsetzen, dann wegziehen, so daß ein tropfenförmiges Plätzchen entsteht.
Bei 200° C. 12–15 Minuten backen. Abkühlen lassen.
Die Nougatmasse im Wasserbad etwas erwärmen.
Je zwei Tatzen auf der Unterseite mit Nougat zusammenkleben. Dann die Spitzen in Kuvertüre, die im Wasserbad erwärmt wurde, eintauchen.

Ergibt ca. 60 Stück oder 1,2 kg auf 4 Backblechen.

Eigelbmakronen

40 g Butter oder Margarine
50 g Zucker
2 Eigelb
2 EL weißer Rum oder Arrak
feingeriebene Schale von
1 unbehandelten Zitrone
1 Pr. Salz
250 g Marzipanrohmasse
rote und grüne kandierte Kirschen zum Garnieren

Dieses feine Teegebäck ist im Handumdrehen fertig, ideal auch als Beigabe zu feinen Nachspeisen. Außerdem kann die Eigelb-Makronenmasse vorm Backen auf Mürbteigplätzchen gespritzt werden.
Fett, Zucker, Rum oder Arrak, Zitronenschale und Salz in ein hohes Rührgefäß geben und mit dem Elektroquirl schaumig schlagen. Dann die Marzipanrohmasse untermischen. Die Masse in einen Spritzbeutel mit großer Sterntülle geben. Große Tupfer auf mit Backpapier belegte Bleche spritzen. Mit roten und grünen kandierten Kirschen garnieren. Bei 160° C etwa 16 Minuten backen.

Ergibt ca. 36 Stück oder 400 g auf 2 Backblechen.

Gespritzte Mandel-Mokkamakronen

3 Eiweiß
1 Pr. Salz
180 g Zucker
200–250 g geschälte, gemahlene Mandeln
1 EL gemahlener Bohnenkaffee
1 TL Instantkaffee
1 EL Speisestärke
etwas feingeriebene unbehandelte Orangenschale

1 EL feiner Zucker zum Bestreuen

100 g dunkle Kuvertüre zum Eintauchen

Diese Mokkamakronen sind viel zu gut, um lediglich in der Adventszeit gebacken zu werden.
Eiweiß und Salz steifschlagen. Die Hälfte des Zuckers dazugeben und weitere 3 Minuten schlagen. Dann alle übrigen Zutaten miteinander vermischen und unter die Schaummasse geben.
Mit Hilfe des Spritzbeutels mit einer großen Tülle großzügige Häufchen auf ein mit Backpapier belegtes Blech spritzen. Leicht mit Zucker bestreuen. Bei 175° C ca. 15 Minuten im Ofen trocknen.
Die Kuvertüre im Wasserbad schmelzen und die abgekühlten Makronen hineintauchen, so daß sie dunkle Füßchen bekommen. Auf einem Gitter abtropfen lasen.

Ergibt ca. 45 Stück oder 500 g auf 2 Backblechen.

Schokoladenbrezeln

250 g Butter oder Margarine
100 g Puderzucker
2 Pk. Vanillinzucker
1 Ei
1 Eigelb
1 Pr. Salz
350 g Mehl

Für den Guß:
400 g Puderzucker
4 EL dunkler Kakao
2–3 EL Rum

evtl. 3 EL Schokoladenpulver zum Bestäuben

Im Gegensatz zu traditionellen Brezeln relativ schnell herzustellen. Unbedingt separat zwischen Lagen von Pergamentpapier verpacken.
Fett mit Zucker, Vanillinzucker, Ei und Eigelb mit dem Elektroquirl sehr schaumig rühren. Salz und Mehl zugeben. In den Spritzbeutel mit kleiner Lochtülle füllen, zufalten.
Auf mit Backpapier belegte Bleche Brezeln spritzen. Wer ungeübt ist, kann sich die ersten Brezeln vorher auf der Rückseite des Papiers mit Bleistift vorzeichnen.
In 9–10 Minuten bei 180° C nicht zu dunkel backen.
Puderzucker, Kakao und Rum zu einem dickflüssigen Guß rühren. Die Brezeln vorsichtig hineintauchen. Etwas antrocknen lassen. Eventuell mit Schokoladenpulver bestäuben.

Ergibt ca. 70 Stück oder 1,1 kg auf 3 Backblechen.

Punschbrezeln

250 g Butter oder Margarine
125 g feiner Zucker
2 Eigelb
2 EL weißer Rum
1 Pr. Salz
350 g Mehl
evtl. 2–3 EL Milch

Zum Bepinseln:
1/2 Eiweiß
3 EL Rum
200 g Puderzucker

Da diese Brezeln mit dem Spritzbeutel auf das Blech gespritzt werden, sind sie relativ schnell zubereitet.
Das Fett mit Zucker, Eigelb, Rum und Salz mit dem Elektroquirl gut schaumig schlagen. Dann das gesiebte Mehl mit den Knethaken untermischen. Der Teig soll spritzfähig sein, darum vielleicht noch ein wenig Milch unterrühren.
In einen Spritzbeutel mit kleiner, glatter Tülle geben und auf Backpapier Brezeln spritzen, eventuell die Form vorzeichnen
Bei 180° C in 12 Minuten leicht goldgelb backen. Nach dem Abkühlen mit einem weißen Rumguß dünn bepinseln.

Ergibt ca. 90 Stück oder 900 g auf 3–4 Backblechen.

Amerikanerli

Zutaten wie für Löffelbiskuits

Zum Eintauchen:
100 g dunkle Kuvertüre
100 g Puderzucker
2 EL Arrak

Halb schwarz, halb weiß, so wie die Bevölkerung der USA, stellen sich diese Plätzchen dar.
Den Teig wie zuvor beschrieben herstellen und in einen Spritzbeutel mit großer glatter Tülle füllen. Auf ein mit Mehl bepudertes Blech walnußgroße Häufchen setzen. Wie Löffelbiskuits backen.
Nach Erkalten zunächst zur Hälfte in im Wasserbad aufgelöster Kuvertüre tauchen, trocknen lassen. Dann die zweite Hälfte in Arrakguß tauchen. Auf einem Kuchengitter gut trocknen lassen.

Ergibt ca. 45 Stück oder 350 g auf 1 Backblech.

Löffelbiskuits

3 Eier
75 g Zucker
1 Pr. Salz
feingeriebene Schale von 1 unbehandelten Zitrone oder Mark von 1/2 Vanilleschote
100 g Mehl

Mehl und Zucker zum Bestäuben

Zugegeben, diese Löffelbiskuits machen etwas Arbeit. Doch wer das italienische Tiramisu liebt, sollte die Mühe nicht scheuen.
Eigelb mit Zucker in einer nicht zu großen Schüssel auf dem Wasserbad mit dem Schneebesen des Elektroquirls dick und weißschaumig schlagen. Dabei immer wieder den Bodensatz mit einem Teigschaber losrühren. Von der Kochstelle nehmen. Eiweiß mit Salz steifschlagen, locker unterheben, dann das Gewürz und das gesiebte Mehl vorsichtig unterziehen. In einen Spritzbeutel mit großer, glatter Tülle füllen. 8 cm lange Löffelbiskuits auf ein mit Backpapier belegtes und mit Mehl bestäubtes Blech spritzen.
Bei 175 ca. 15 Minuten backen. Wer die Plätzchen gerne sehr süß mag, stäubt vor dem Backen etwas feinen Zucker darauf, der dann eine zarte Kruste bildet.

Ergibt ca. 21 Stück oder 200 g auf 1 Backblech.

Baisers

4 Eiweiß
1 Pr. Salz
1 TL Gelierpulver oder Ascorbinsäure
120 g feiner Zucker
120 g Puderzucker
2 gestr. EL Speisestärke

evtl. Speisefarben
evtl. 2 TL Nonpareille

Baisers, die süßen Küsse aus französischen Backstuben, dürfen keinesfalls gebräunt werden. Schneeweiß oder mit Speisefarben zartrosa, blaßgelb oder himmelblau gefärbt erfreuen sie uns auf Kuchentellern und als mit Nonpareille, das sind bunte Zuckerstreusel, bestreute Kringel an Weihnachtsbäumen.

Eiweiß mit Salz in einer großen Rührschüssel mit den Schneebesen des Elektroquirls erst bei geringer, dann bei immer höher werdender Geschwindigkeit zu steifem Schnee schlagen. Gelierpulver, es wird auch für Marmelade gebraucht, oder Ascorbinsäure aus der Apotheke und den feinen Zucker zugeben. Die Masse so lange schlagen, bis der Schaum glänzt und der Zucker nicht mehr knirscht.

Unter den Puderzucker die genau abgemessene Menge Speisestärke mischen und sieben. Vorsichtig diese Mischung mit dem Gummiteigschaber unterheben. Den Teig gleich weiterverarbeiten.

Kringel und Herzen aufs Backpapier malen. Die Masse in einen Spritzbeutel mit Sterntülle geben und aufspritzen. Entweder 4–5 Stunden bei 75–100° C backen oder das Blech in einen auf 200° C geheizten Ofen geben. Die Wärmezufuhr abschalten und den Ofen in den folgenden 8 Stunden nicht öffnen.

Baisers sollen trocken sein. Wer das luftige Gebäck an den Christbaum hängen möchte, färbt die Masse portionsweise zartrosa, gelb oder hellblau und streut vor dem Backen buntes Nonpareille auf die Kringel.

Ergibt ca. 22 Stück oder 250 g auf 2 Backblechen.

Schokoschäumchen
Mokkaschäumchen
Zitronenschäumchen

2 Eiweiß
1 TL Speisestärke
65 g feiner Zucker
60 g Puderzucker

30 g Schokoladenpulver
oder: 2 TL Instantkaffee und 1 TL heißes Wasser
oder: feingeriebene Schale von 1 unbehandelten Zitrone und 1/2 TL Gelierpulver

Vorzüglich auf Vanille- oder Zitronenpudding oder zur Dekoration von Zitronen-, Wein- oder Erdbeercreme.
Die Eiweiß wie oben beschrieben steifschlagen. Zunächst die Hälfte des Zuckers unterschlagen. Dann die zweite Hälfte mit Speisestärke und Schokoladenpulver, aufgelöstem Instantkaffee oder Zitronenschale und Gelierpulver gemischt unter die Schaummasse heben. In einen Spritzbeutel füllen.
Auf Backpapier sehr kleine Häufchen spritzen oder notfalls mit zwei Teelöffeln aufsetzen. Wie Baisers in 3–4 Stunden oder über Nacht backen.

Ergibt ca. 60 Stück oder 150 g auf 3 Backblechen.

Gespritzte Mandelblüten

100 g Butter oder Margarine
100 g feiner Zucker
2 Eigelb
1 Pk. Vanillinzucker
1 Pr. Salz
100 g geschälte, gemahlene Mandeln
3 geschälte, ganz besonders fein gehackte bittere Mandeln
200 g Mehl

50 g Mandeln zum Garnieren
150 g Kuvertüre zum Bepinseln

Die Rezepte auf dieser Seite sind für den praktischen Keksautomaten gedacht. Schnell sind gleichmäßige Plätzchen in vielfältigen Formen hergestellt. Sie schmecken vorzüglich, sehen aber leider wie fertig gekauft aus.
Butter, Zucker, Eigelb, Vanillinzucker und Salz in ein hohes Rührgefäß geben und mit den Schneebesen des Elektroquirls zu schaumiger Masse aufschlagen. Die sehr gleichmäßig und fein zerkleinerten Mandeln und das Mehl daruntergeben. Vorsicht, Mandelstückchen würden die Spritze verstopfen.
Mit dem Keksautomat Blüten auf Backpapier spritzen, je eine kleine Mandel hineinstecken. Oder einen Spritzbeutel mit Sterntülle nehmen.
Bei 180° C in ca. 12–15 Minuten hell backen. Die Unterseite mit im Wasserbad zerlassener Kuvertüre bepinseln.

Ergibt ca. 50 Stück oder 650 g auf 2 Backblechen.

Gespritzte Butterkränzchen

250 g Butter
200 g feiner Zucker
3 Eier
feingeriebene Schale von 1 unbehandelter Zitrone oder Orange oder 2 Pk. Vanillinzucker
500 g Mehl

Ein praktisches Rezept für den, der in kurzer Zeit eine größere Menge feiner Kekse backen möchte.
Die Butter mit Zucker, Eiern und aromatisierender Zutat am besten mit dem Elektroquirl oder der Küchenmaschine sehr schaumig schlagen, bis der Zucker nicht mehr knirscht und die Masse weißlich aussieht. Dann das Mehl untermengen. Portionsweise den Teig in die Keksmaschine füllen.
Runde oder ovale Kekse oder Kringel auf Backpapier setzen.
Bei 180° C in ca. 15 Minuten goldgelb backen.

Ergibt ca. 80 Stück oder 1 kg auf 4 Backblechen.

Gespritzte Kakaoblumen

Zutaten wie für gespritzte Mandelblüten, aber statt Mandeln:
65 g gemahlene Haselnüsse
3 EL Kakao
3 EL Rum

Hat man erst einmal den Keksautomaten zusammengesetzt, dann bietet sich diese Variation an.
Alle Zutaten – wie oben beschrieben – verrühren. Eventuell nach dem Backen die Plätzchen auf der Unterseite mit weißem Rumguß bepinseln.

Ergibt ca. 50 Stück oder 700 g auf 2–3 Backblechen.

Brezeln, Kugeln, Kipfel

Um Brezeln, Kugeln oder Kipfel, auch Kipferl genannt, gleichmäßig zu formen, bedarf es einer gewissen Geschicklichkeit und etwas Geduld.
Mit einigen Tricks, die wir Ihnen verraten wollen, gelingt Ihnen sicher jedes Gebäck.

Vermeiden Sie große Mehlzugaben, sonst verschlechtert sich die Teigqualität. Eine glatte Unterlage, die leicht mit Mehl bestäubt wird oder eine dicke Plastikfolie bewähren sich am besten.
Formen Sie zunächst für Brezeln den Teig zu Rollen oder Blöcken, die Sie portionsweise dem Kühlschrank entnehmen. Dann wird jede Rolle oder jeder Block zunächst in gleichmäßig dicke Scheiben geschnitten, damit die Brezeln gleich groß werden. Nun mit flacher, kühler Hand Würstchen rollen. Dabei die Hand zum Schluß parallel zur Rolle legen und nie zu stark drücken. Die Rollen gleichmäßig dick formen und auf einheitliche Länge schneiden. Teigreste kühlen. Die geformten Brezeln auf das Backpapier legen.

Kugeln fertigt man ebenfalls entweder aus langen, daumendicken Rollen, die in 2–3 cm breite Stücke geschnitten werden oder man formt den Teig blockartig gut 2 cm dick aus. Den Block auf einem Brett in Würfel schneiden. Dann mit leicht bemehlten, kühlen Händen zu Kugeln rollen.

Das Ausformen zu Kipfeln geschieht in ähnlicher Weise.
Wer es aber sehr eilig hat, rollt den Teig 1 1/2 cm dick aus, sticht mit dem scharfkantigem Glas Halbmonde aus und formt die Spitzen leicht rund. Dabei wird der Teig gar nicht erwärmt und die Qualität ist hervorragend.

Vanillekipferl müssen noch im warmen Zustand nach dem Backen in einer Mischung von Vanille- und Puderzucker gewendet werden. Für echten Vanillezucker wird die fermentierte, aromatische Vanilleschote der Länge nach aufgeschlitzt, damit die schwarzen Samenkörner, auch Mark genannt, mit der Spitze eines Messers herausgekratzt werden können.

Mandelbrezeln

300 g Mehl
150 g Butter oder Margarine
75 g Zucker
80 g geschälte, sehr fein gemahlene Mandeln
2 Eier
1 Pr. Salz

Mehl zum Ausformen

1 Eiweiß zum Bepinseln
3 EL grober Zucker zum Bestreuen

Für das Formen dieser feinen Brezeln sollte man sich Zeit nehmen, denn nur, wenn sie ganz gleichmäßig sind, sehen sie wirklich hübsch aus.
Für den Teig das Mehl auf die Arbeitsfläche häufen. Nacheinander das zerteilte kalte Fett, den Zucker, die Mandeln, Eier und Salz daraufgeben. Alle Zutaten rasch mit kühlen Händen zu einem glatten Teig verkneten. Rollen oder Blöcke formen und flach drücken. Mindestens 2 Stunden eingepackt kühlen.
Portionsweise dem Kühlschrank entnehmen. Die Rollen quer in Streifen schneiden. Daraus auf bemehlter Unterlage oder dicker Plastikfolie bleistiftdicke und etwa 20 cm lange Stängelchen rollen. Zu Brezeln schlingen und auf Backpapier legen. Mit zerschlagenem Eiweiß bepinseln und dünn mit Zucker bestreuen.
Bei 200° C in etwa 15 Minuten nicht zu dunkel backen.

Ergibt ca. 70 Stück oder 650 g auf 3–4 Backblechen.

Vanillebrezeln

Zutaten wie für Mürbeteig s. S. 88

Mark von 1/2 Vanilleschote
Mehl zum Ausrollen

1 Eiweiß zum Bepinseln
1 Pk. Vanillinzucker und 125 g Puderzucker zum Wenden

Nonpareille zum Bestreuen

Den Mürbeteig zu zwei Rollen oder Blöcken formen, diese kühlen. Dann auf bemehlter Unterlage in fingerdicke Scheiben schneiden. Am besten auf Plastikfolie aus jeder Scheibe eine bleistiftdicke Wurst rollen. Bei dieser Methode werden die Brezeln alle gleich groß. Zu Brezeln schlingen.
Auf Backpapier in 12–15 Minuten bei 200° C goldbraun backen. Noch heiß mit Eiweiß bepinseln und in einem Gemisch aus Vanillin- und Puderzucker wenden, eventuell mit Nonpareille bestreuen.

Ergibt ca. 70 Stück oder 600 g auf 3 Backblechen.

Orangenbrezeln

125 g Butter oder Margarine
1 Eigelb
70 g Puder- oder sehr feiner Zucker
feingeriebene Schale von 1/2 unbehandelten Orange
1 Pr. Salz
200 g Mehl

Zum Bepinseln:
150 g Puderzucker
2 EL Orangensaft

sehr feingehacktes Orangeat zum Garnieren

Bei richtiger Arbeitsvorbereitung sind diese aparten Brezeln relativ schnell hergestellt.
Für den Teig das Fett mit Eigelb, Zucker, Orangenschale und Salz schaumig rühren. Das Mehl darunterkneten. Aus dem Teig einen etwa 12 cm breiten, knapp kleinfingerdicken Block formen, in einem Gefrierbeutel mindestens 2 Stunden kühlen.
Gekühlten Teig in knapp kleinfingerdicke Streifen schneiden. So gibt es gleichmäßig vorgeformte Teigmengen. Daraus Würstchen rollen, diese zu Brezeln schlingen, wie auf dem Foto zu sehen. Auf ein Blech mit Backpapier legen.
In 12–15 Minuten bei 180° C hell backen. Noch heiß mit Orangenguß dünn bepinseln und mit dem sehr klein gehackten Orangeat bestreuen.

Ergibt ca. 30 Stück oder 600 g auf 1–2 Backblechen.

Amaretti

2 Eiweiß
200 g Zucker
1 Pr. Salz
200–250 g geschälte, gemahlene Mandeln
6–8 geschälte, gemahlene bittere Mandeln
50 g Marzipanrohmasse

ca. 3 EL Rosenwasser zum Bepinseln
2 EL Puderzucker zum Bestäuben

Diese Amaretti, in Holland werden sie Bitterplätzchen genannt, können auch gut zu Süßspeisen verarbeitet werden: Entweder auf Kompott oder Obstsalat geben und mit Vanillecreme bedecken oder unter feine Gelatinecremes ziehen.
Die Eiweiß mit 2 EL Zucker und Salz steifschlagen. Dann abwechselnd restlichen Zucker, die Mandeln und Marzipan in kleinen Flöckchen unterschlagen. Mit feuchten Händen Kugeln von 3 cm Ø formen. Mit Rosenwasser bepinseln und mit Puderzucker bestäuben.
Auf Backpapier bei 150° C in ca. 30 Minuten hell backen. Innen sollen sie noch ein klein wenig feucht bleiben.

Ergibt ca. 36 Stück oder 500 g auf 2 Backblechen.

Walnußkugeln

250 g Mehl
1 TL Backpulver
1 Pr. Salz
150 g gemahlene Walnußkerne
1 Ei
75 g Zucker
1 Pk. Vanillinzucker
1 TL Zimt
feingeriebene Schale von 1/2 unbehandelten Zitrone
150 g Butter oder Margarine

Mehl zum Ausrollen

Zum Dekorieren:
350 g Walnußkerne
2 Eiweiß
125 g feiner Zucker

Besorgen Sie sich möglichst 1,5 kg frische Walnüsse in der Schale, die Sie sorgfältig knacken. Die guten Hälften zum Dekorieren beiseite legen, die zerbrochenen für den Teig verwenden.
Das Mehl mit Backpulver und Salz auf das Backbrett häufen. Die übrigen Zutaten daraufgeben. Alles rasch mit einem langen Messer verhacken und mit kühlen Händen zu einem Teig verkneten. Den Teig zu einem etwa 2 1/2 cm dicken Block ausformen und eingepackt mindestens eine Stunde kühlen.
In 2,5 cm große Würfel schneiden, diese zu Kugeln von ca. 2,5 cm Ø rollen. Die Walnußhälften sorgfältig in verquirltem Eiweiß wenden. Abtropfen lassen, in Zucker wälzen. Je drei Nußhälften rundum an die Kugeln drücken.
Bei 175° C ca. 30 Minuten backen. Als Garprobe unbedingt eine Kugel auseinanderbrechen und schauen, ob der Teig innen gebacken ist.

Ergibt ca. 70 Stück oder 1,2 kg auf 3 Backblechen.

Vollwertkugeln

150 g Roggenmehl
150 g Vollkornmehl
200 g Butter oder Margarine
100 g Farinzucker
1 Ei
1 Pr. Salz

Mehl zum Ausformen

<u>Zum Füllen:</u>
125 g Zucker
25 g Butter
75 g Sesam oder grobgehackte Haselnüsse
2 EL Sahne

50 g Haselnüsse zum Garnieren

Für dieses Rezept können Sie statt der angegebenen Mehlsorten auch Hafermehl, Buchweizenmehl oder Weizenmehl Type 1050 verwenden. Wenn der Farinzucker durch 150 g Fruchtzucker ausgetauscht wird, eignen sie sich auch für Diabetiker.
Die beiden Mehlsorten auf die Arbeitsfläche häufen. Kaltes, in Flöckchen zerteiltes Fett daraufgeben. Den Zucker, das Ei und Salz zugeben. Alle Zutaten zunächst mit dem Messer klein hacken, dann mit kühlen Händen rasch zu einem glatten Teig verkneten. Zum knapp 2,5 cm dicken Block formen und mindestens 30 Minuten kühlen.
In 2,5 cm große Würfel schneiden. Diese mit bemehlten Händen zu Kugeln formen. Mit einem Löffelstiel eine Vertiefung eindrücken.
Auf Backpapier ca. 20 Minuten bei 200° C backen.
Inzwischen den Zucker für die Füllung im Topf hell karamelisieren lassen. Butter, Sesam oder geröstete Haselnüsse und Sahne zugeben. Die gebackenen Kugeln damit füllen. Jeweils eine geröstete Haselnuß daraufdrücken. Vor dem Verpacken gut trocknen lassen.

Ergibt ca. 90 Stück oder 800 g auf 3–4 Backblechen.

Schmalznüsse

150 g Schweine- oder Butterschmalz
150 g Zucker
1 Pk. Vanillinzucker
1 Pr. Salz
250 g Mehl
50 g Speisestärke
1 TL Backpulver

Mehl zum Ausformen

80 g geschälte Mandeln zum Garnieren

Das Schmalz in einem hohen Rührgefäß im Wasserbad etwas zergehen, dann wieder abkühlen lassen. Zucker, Vanillinzucker und Salz dazugeben. Alles mit dem Elektroquirl gut schaumig rühren. Dann das mit Stärke und Backpulver gemischte Mehl darunterarbeiten. Den Teig zu einem 2,5 cm dicken Block formen und über Nacht kühl stellen.
In Würfel von 2,5 cm Kantenlänge schneiden, mit bemehlten Händen zu Kugeln formen. Mit jeweils einer halbierten Mandel garnieren.
Bei 180° C in ca. 15 Minuten goldbraun backen.

Ergibt ca. 90 Stück oder 700 g auf 3–4 Backblechen.

Husarenkrapferl

300 g Mehl
200 g Butter oder Margarine
100 g Zucker
2 Eigelb
1 Pr. Salz
80 g gemahlene Haselnüsse

Mehl zum Ausformen

40 g Puderzucker zum Bestäuben

150 g Johannisbeergelee zum Füllen

Diese beliebten Weihnachtsplätzchen müssen vor dem Verpacken unbedingt 2–3 Tage trocknen.
Das Mehl auf die Arbeitsfläche geben. Kaltes Fett in Flöckchen auf den Mehlberg verteilen. In die Mitte eine Vertiefung drücken. Zucker, Eigelb, Salz und Nüsse hineingeben. Alles rasch mit einem Messer verhacken und zu einem glatten Teig verkneten. Diesen zunächst zu einem daumendicken Block formen. Nach dem Kühlen in ebenso breite Würfel schneiden. Jetzt ist das Formen zu Kugeln schnell geschehen. In jede Kugel mit einem bemehlten dünnen Kochlöffelstiel eine Vertiefung drücken. Auf ein Blech mit Backpapier legen.
Bei 200° C in knapp 20 Minuten nicht zu dunkel backen.
Zunächst alle Krapferl mit Puderzucker bestäuben. Erst dann das Gelee in einen kleinen Tiefkühlbeutel füllen. Eine kleine Spitze abschneiden. In jedes Loch etwas Gelee spritzen.

In manchen Gegenden werden die Krapferl vor dem Backen mit verquirltem Ei bepinselt und in feingehackten Mandeln gewendet. Auf jedem Fall sind die Krapferl besser, wenn sie nicht vor, sondern nach dem Backen mit Gelee gefüllt werden.

Ergibt ca. 90 Stück oder 850 g auf 4 Backblechen.

Sandmoppen

150 g Butter oder Margarine
125 g Puderzucker
1 Ei
Mark von 1 Vanilleschote
1 Pr. Salz
150 g Mehl
125 g Speisestärke

Mehl zum Ausformen

50 g dunkle Kuvertüre zum Garnieren

Gute Sandmoppen sind so zart, daß man sie mit der Zunge am Gaumen zerdrücken kann.
Fett, Puderzucker, Ei, Vanille und Salz in ein hohes Rührgefäß geben und mit dem Elektroquirl weißschaumig schlagen. Statt Schneebesen die Knethaken einsetzen und Mehl und Speisestärke abwechselnd zugeben. Möglichst über Nacht zugedeckt im Kühlschrank fest werden lassen.
Mit bemehlten Händen zunächst eine Rolle formen. Diese in daumenbreite Stücke schneiden oder, wie zuvor beschrieben, die Kugeln aus einem 2,5 cm dicken Teigblock herstellen. Den Teig zu Kugeln formen. Bleche mit Backpapier belegen. Die Moppen nicht zu eng darauf legen. Mit einer bemehlten Gabel ein Rippenmuster eindrücken.
Bei 180° C in 15 Minuten hell backen. Kuvertüre im Wasserbad schmelzen, mit der Gabel Zickzacklinien auf die Plätzchen ziehen.

Ergibt ca. 80 Stück oder 600 g auf 3 Backblechen.

Linzer Kolatschen

150 g Butter oder Margarine
2 Eigelb
75 g feiner Zucker
feingeriebene Schale von 1 unbehandelten Zitrone
30 g Semmelbrösel oder feine zerstampfte helle Plätzchenreste
200 g Mehl
1 Pr. Salz

Mehl zum Ausformen

Johannisbeergelee zum Füllen

2 EL Puderzucker zum Bestäuben

Das ist die österreichische Variante der Husarenkrapfen. Keineswegs zu verachten. Sie heißen gelegentlich auch Pfauenaugen.
Das Fett mit Eigelb, Zucker und Zitronenschale mit Hilfe des Elektroquirls schön schaumig schlagen. Dann die Brösel, Mehl und Salz dazugeben. Dabei die Schneebesen gegen Knethaken austauschen. Den Teig am besten über Nacht eingepackt in den Kühlschrank stellen.
Auf leicht bemehlter Unterlage daumendicke Rollen formen. Diese wieder in daumenbreite Stücke schneiden. Zu Kugeln formen. Oder einen Teigblock von 2,5 cm Stärke formen, diesen nach dem Kühlen in Würfel von 2,5 cm Kantenlänge teilen. Auf mit Backpapier belegte Bleche legen. Mit einem bemehlten dünnen Kochlöffelstiel Vertiefungen eindrücken. Diese mit Gelee füllen. Dafür das Gelee am besten in einen kleinen Tiefkühlbeutel füllen und eine kleine Spitze abschneiden. Sie können das Gelee stattdessen auch in eine Tortengarnierspritze mit kleiner glatter Tülle füllen. Mit einem Teelöffel hingegen wird das Resultat niemals so sauber und gleichmäßig.
Bei 180° C in ca. 20 Minuten goldbraun backen. Nach dem Abkühlen Puderzucker darüber sieben.

Ergibt ca. 100 Stück oder 600 g auf 3–4 Backblechen.

Gefüllte Zitronenkugeln

125 g Butter oder Margarine
125 g feiner Zucker
1 Ei
1 Pr. Salz
feingeriebene Schale von 1/2 unbehandelten Zitrone
275 g Mehl
1 TL Backpulver

Mehl zum Ausrollen

<u>Zum Füllen:</u>
75 g Butter
100 g Puderzucker
1 TL Zitronensaft
feingeriebene Schale von 1/2 unbehandelten Zitrone

Durch die frische Füllung bleiben diese Plätzchen angenehm feucht. Sie eignen sich aber auch sehr gut als Beigabe zu Süßspeisen.
Für die Kugeln zunächst das Fett mit Zucker und Ei gut schaumig schlagen. Nacheinander die restlichen Zutaten mit den Knethaken untermischen. Den Teig eine Stunde zugedeckt kühlen.
Zu einem 2,5 cm dicken Block formen, diesen in Würfel von 2,5 cm Kantenlänge schneiden. Anschließend mit leicht bemehlten Händen zu Kugeln formen. Nicht zu dicht nebeneinander auf mit Backpapier belegte Bleche setzen.
Bei 175° C in 12–15 Minuten goldbraun backen. Abkühlen lassen.

Für die Füllung die Butter mit Puderzucker, Zitronensaft und -schale gut verrühren, in einen Tiefkühlbeutel geben, die Spitze des Beutels abschneiden oder eine kleine Tortenspritze dafür nehmen. Je zwei Plätzchen damit zusammensetzen.

Ergibt ca. 80 Stück oder 700 g auf 3 Backblechen.

Schokoladenkugeln

250 g Mehl
2 TL Backpulver
1 Pr. Salz
250 g gemahlene Haselnüsse
40 g dunkler Kakao
200 g feiner Zucker
1 Ei
1 Pk. Vanillinzucker
250 g Butter oder Margarine

Mehl zum Ausformen

100 g Nougat zum Füllen
25 g gehackte Pistazien zum Garnieren

Die Schokoladenkugeln schmecken ebenso gut wie sie aussehen.
Das mit Backpulver und Salz gemischte Mehl auf die Arbeitsfläche häufen. Die Haselnüsse mit Kakao, Zucker, Ei und Vanillinzucker auf den Mehlberg geben. Das Fett in Flöckchen auf den Zutaten verteilen. Alles mit einem großen Messer verhacken und zu einem geschmeidigen Teig verkneten. Diesen Teig eingepackt mindestens 3 Stunden kühlen.
Zu einem 2,5 cm dicken Block formen, in Würfel von 2,5 cm Kantenlänge schneiden, diese zu Kugeln formen. Eine Vertiefung eindrücken. Die Kugeln auf Backpapier legen und bei 175° C 15–20 Minuten nicht zu stark backen.
Die Nougatmasse im Wasserbad etwas erwärmen, damit sie spritzfähig wird. In einen kleinen Tiefkühlbeutel füllen, die Spitze abschneiden. Jeweils einen kleinen Tupfer auf die Plätzchen spritzen, sogleich einige Pistazien darauf streuen.

Ergibt ca. 90 Stück oder 800 g auf 3–4 Backblechen.

Pinienküsse

250 g geschälte, feingemahlene Mandeln
2 Eiweiß
100 g Puderzucker
1 EL bittere Orangenkonfitüre

2 Eiweiß zum Eintauchen
ca. 300 g Pinienkerne zum Wälzen

Nicht gerade preiswert, doch das Lob ist der Bäckerin gewiß.
Mandeln mit Eiweiß, Puderzucker und der Orangenkonfitüre zu einer gleichmäßigen Masse verkneten. Daumendicke Rollen daraus formen. Über Nacht kühlen.
Am folgenden Tag in 2 cm breite Scheiben schneiden. Diese zu Kugeln rollen. Die Eiweiß etwas verschlagen und die Kugeln zunächst darin wenden. Dann in Pinienkernen wälzen.
Auf einem mit Backpapier belegten Blech 15 Minuten bei schwacher Hitze (175° C) mehr trocknen als backen. Am besten in kleine farbige Pergamentpapier- oder Staniolförmchen für Konfekt geben.

Ergibt ca. 42 Stück oder 700 g auf 1 Backblech.

Weiße Mohren

170 g Mehl
1 TL Backpulver
1 Pr. Salz
150 g Butter oder Margarine
80 g feiner Zucker
2 Eigelb
100 g geschälte, gemahlene Mandeln
1 Pr. Nelkenpulver
1 Pr. gemahlene Muskatnuß
feingeriebene Schale von 1/2 unbehandelten Zitrone

Mehl zum Ausformen

100 g dunkle Kuvertüre zum Eintauchen

Für den Kleinhaushalt ist dies ein ideales Rezept, denn die Hälfte des Teiges läßt sich sehr gut zu Mandelbrezeln verarbeiten, wie auf Seite 72 beschrieben.
Das Mehl mit Backpulver und Salz gemischt auf die Arbeitsfläche geben. Das kalte Fett in Flöckchen darauf verteilen. Dann den Zucker, das Eigelb und die Gewürze dazugeben. Alle Zutaten mit einem langen Messer schnell verhacken und mit kühlen Händen zu einem geschmeidigen Teig verkneten. Zu einem Block formen und 2 Stunden kühlen.
Nun mit dem Messer in kleinfingerbreite und -dicke Stangen von etwa 8 cm Länge schneiden. Die Stangen auf bemehlter Arbeitsfläche oder dicker Plastikfolie zu runden Würstchen formen.
Auf Backpapier in etwa 12 Minuten bei 180° C hell backen. Nach dem Abkühlen die Stangen zur Hälfte in im Wasserbad geschmolzener Kuvertüre tauchen. Auf einem Gitter trocknen lassen.

Ergibt ca. 60 Stück oder 600 g auf 3 Backblechen.

Gewürzigel

125 g dunkler Honig
200 g Farinzucker
250 g Butter oder Margarine
100 g ungeschälte, feingehackte Mandeln
100 g kleingehacktes Zitronat
3 TL Lebkuchengewürz
1 Pr. Salz
250 g Mehl Type 1050
250 g Vollkornmehl
1 TL Pottasche
3–4 EL Milch

1 EL Zucker und 2 EL Rosenwasser zum Bepinseln
125 g Pinienkerne zum Spicken

Zunächst den Honig mit Zucker und Fett im Topf schmelzen, dann abkühlen lassen. Die restlichen Zutaten mischen, dabei die Pottasche zunächst in angewärmter Milch auflösen. Honigmasse dazugeben und den Teig für eine Woche an kühler Stelle zugedeckt aufbewahren.
Eine daumendicke Platte formen, in gut 2 cm große Würfel teilen. Zu Kugeln rollen. Dünn mit dem in Rosenwasser aufgelöstem Zucker bepinseln. Dann die Pinienkerne wie Igelstacheln auf die Kugeln stecken.
Bei 180° C in etwa 25 Minuten nicht zu dunkel backen. Vor dem Naschen in einem offenen Behälter an einem kühlen, feuchten Platz weich werden lassen.

Ergibt ca. 75 Stück oder 1,4 kg auf 3 Backblechen.

Nürnberger Honigbusserln

75 g dunkler Honig
75 g feiner Zucker
75 g Butter oder Margarine
1 Ei
75 g grobgehackte Mandeln
50 g kleingewürfeltes Zitronat
50 g kleingewürfeltes Orangeat
4 g Pottasche
2 EL gemahlener Kaffee
feingeriebene Schale von 1/2 unbehandelten Zitrone
1 1/2 TL Honigkuchengewürz
300 g Mehl
1 Pr. Salz

Mehl zum Ausformen

2 EL Honig und 2 EL Rum zum Bepinseln

50 g Puderzucker und 2 EL Kaffee zum Verzieren

Die Honigbusserln schmecken am besten, wenn sie bereits Anfang November für das Weihnachtsfest gebacken werden.
Erst den Honig mit Zucker und Fett im Topf auflösen und abkühlen lassen. Die übrigen Zutaten mischen, dabei die Pottasche in heißem, starkem Kaffee auflösen. Die lauwarme Honigmischung unter das Mehl kneten. Den Teig verpackt 3–4 Tage an kühler Stelle durchziehen lassen.
Danach zu daumendicken Rollen formen. Etwa 2 cm breite Scheiben abschneiden und diese zu Kugeln rollen. Oder den Teig zu einem 2 cm dicken Block formen, diesen in Würfel von 2 cm Kantenlänge schneiden. Dann Kugeln rollen. Mit angewärmten Honig, der mit Rum verrührt wurde, bepinseln und nebeneinander auf Backpapier setzen.
In ca. 15 Minuten bei 180° C nicht zu dunkel backen.
Aus Puderzucker und Kaffee einen braunen Guß rühren, die Honigbusserln damit verzieren.

Ergibt ca. 180 Stück oder 1,2 kg auf 6 Backblechen.

Vanillekipferl

200 g Butter oder Margarine
100 g feiner Zucker
Mark von 1/2 Vanilleschote
100 g ungeschälte, gemahlene Mandeln
1 Pr. Salz
250–275 g Mehl

Mehl zum Ausformen

Zum Wenden:
50 g feiner Zucker
1 EL Puderzucker
Mark von 1/2 Vanilleschote

Klassisches deutsches Weihnachtsgebäck. Ebenso gut schmecken Hasel- oder Walnußkipferl nach dem gleichen Rezept.
Butter mit Zucker, Vanille, Mandeln und Salz auf einem Backbrett vermischen.Das Mehl rasch unterkneten. Teig 1 bis 2 Stunden kühlen.
Dann zu daumendicken Rollen formen. 2 cm lange Stücke abschneiden, diese zu Kipferl formen oder den Teig in zwei Plastikbeuteln zu 2 Blöcken von je 12 cm Breite und knapp 1 cm Dicke ausrollen. Gut kühlen. Dann die Blöcke längs teilen. 3/4 cm breite Stäbchen schneiden, zu Kipfeln formen.
Auf mit Backpapier belegten Blechen in ca. 10 Minuten bei 180° C ziemlich hell backen.
Feinen Zucker mit Puderzucker und Vanillemark vermischen, das heiße Gebäck darin rundum wälzen.

Ergibt ca. 80 Stück oder 700 g auf 3 Backblechen.

Nougatkipferl

100 g Butter oder Margarine
200 g Nougat
1 Ei
1 Pr. Salz
1 Pk. Vanillinzucker
300 g Mehl
1 TL Backpulver

Mehl zum Ausformen

150 g dunkle Kuvertüre zum Eintauchen

Die für dieses Rezept notwendige Nougatmasse gibt es in Supermärkten und Süßwarengeschäften.
In einem hohen Rührgefäß mit den Knethaken des Elektroquirls das Fett mit Nougat, Ei, Salz und Vanillinzucker verkneten. Dann das mit Backpulver vermischte Mehl unterarbeiten. Teig 30 Minuten kühlen.
Dann zu einer 6 cm dicken Rolle formen, diese etwas flach drücken und abermals kühlstellen. Am besten auf einer Plastikunterlage die Rolle in fingerbreite Scheibchen schneiden. Oder den Teig zu zwei 18 x 20 cm großen Blöcke formen. Kühlstellen. 3 Streifen von 6 cm Breite schneiden, diese in 1 cm breite Stäbchen teilen. Zu Kipferln formen. Dabei so wenig Mehl wie möglich verwenden.
Auf Backpapier legen, in 12–15 Minuten bei 200° C hellbraun backen. Nach dem Auskühlen die Spitzen in im Wasserbad geschmolzene dunkle Kuvertüre tauchen.

Ergibt ca. 80 Stück oder 700 g auf 2 Backblechen.

Schokoladenkipferl

200 g Butter oder Margarine
150 g feiner Zucker
1 Eigelb
70 g dunkler Kakao
1 Pk. Vanillinzucker
1 Pr. Salz
325–350 g Mehl

150 g Kuvertüre zum Tauchen

Wer gerne Vanillekipferl ißt, wird auch von diesem Rezept begeistert sein.
Fett in einer Schüssel mit Zucker, Eigelb, Kakao, Vanillinzucker und Salz mit dem Elektroquirl schaumig rühren. Nach und nach bei geringer Laufgeschwindigkeit das Mehl daruntergeben. Den Teig 2 Stunden kühlen.
Portionsweise aus dem Kühlschrank nehmen und wie Vanillekipferl oder Nougatkipferl formen.
Auf Backpapier legen, bei 180° C ca. 10 Minuten backen. Nach dem Auskühlen die beiden Spitzen in Kuvertüre tauchen, die im Wasserbad vorsichtig geschmolzen wurde.

Ergibt ca. 55 Stück oder 800 g auf 2 Backblechen.

Ausrollen, ausstechen und garnieren

Früher war das Ausrollen von Kuchenteigen oft eine Qual, heute ist es ein Kinderspiel, denn es gibt jetzt viele Hilfsmittel.

Grundsätzlich müssen fetthaltige Teige vor dem Ausrollen gründlich gekühlt werden.

Das Ausrollen kleinerer Mengen ist wesentlich leichter als das der ganzen Teigmenge. Also die Teigmenge in der Regel in drei oder vier Portionen bearbeiten.

Zum Ausrollen eignen sich als Unterlage entweder ein Teigbrett aus glattem Holz oder aus Marmor, der immer kühl ist oder eine dickere Plastikunterlage. Auch auf Backpapier kann man sehr gut ausrollen.

Damit der Teig möglichst seine gute Konsistenz behält, sollte so wenig Mehl wie möglich zum Ausrollen verwendet werden. Das erreicht man, indem man den Teig mit Mehl aus der Streudose dünn bepudert. Oder man legt ein zweites Stück Backpapier oder eine dicke Plastikfolie, vielleicht einen Tiefkühlbeutel, auf den Teig. Beste Ergebnisse erzielten wir, indem wir unseren Teigkloß in einen größeren Tiefkühlbeutel gaben, ihn dann ausrollten und den Beutel zum Schluß aufschnitten. Beim Ausrollen möglichst von der Mitte her nach außen arbeiten und nie stark drücken. Ein gutes Rollholz hat ein Kugellager. Teflonbeschichtete Modelle sind praktisch. Eine Flasche ist ein Notbehelf. Teigreste zwischenzeitlich kühlen und zum Schluß zusammenkneten und ausrollen.

Beim Ausstechen sollten die Förmchen leicht bemehlt werden. Herzen, Tannenbäume und Tropfen können gekontert werden, damit kaum Teigabfall entsteht. Förmchen möglichst dicht aneinandersetzen. Wein- oder Likörgläser mit scharfen Rändern eignen sich gut zum Ausstechen von runden Plätzchen und Halbmonden.

Je nach Rezept das Gebäck vor dem Abbacken mit gut verschlagenem Ei bepinseln und mit halbierten, gestiftelten oder feinblättrigen Mandeln, Pinienkernen, Hagelzucker oder Nonpareille bestreuen. Für Fett, Ei oder Zuckerguß eigene Pinsel nehmen.

Beim Spitzbuben erst die Ringe mit Hilfe eines Siebs mit Puderzucker bestäuben, dann aufsetzen.
Für Zebrataler erst weißen, dann spiral- und streifenförmig dunklen Guß aus einem Tiefkühlbeutelchen auf die Plätzchen geben. Schnell mit dem Messer ein Muster ziehen.

Mürbeteigplätzchen

Zutaten I:

300 g Mehl
1 Pr. Salz
180 g Butter oder Margarine
100 g Zucker
1 kleines Ei
1 Pk. Vanillinzucker oder Mark von 1/2 Vanilleschote oder feingeriebene Schale von 1/2 Zitrone

Zutaten II:

250 g Mehl
1 Pr. Salz
100 g Butter oder Margarine
65 Zucker
1 kleines Ei
Gewürze siehe oben

Mürbeteig ist der Basisteig für eine Vielzahl von Plätzchen, für die der Teig ausgerollt und anschließend mit Förmchen oder Gläsern ausgestochen wird. Sie werden allgemein als Butterplätzchen bezeichnet. Für die Herstellung gibt es drei verschiedene Methoden:

1. Das Mehl mit Salz auf die Arbeitsfläche häufen. Fett in Flöckchen auf dem Rand verteilen. In die Mitte des Mehlbergs eine Mulde drücken. Zucker und Ei hineingeben. Gewürze nach Wahl dazugeben. Alles rasch mit einem großen Messer verhacken, dann mit kühlen Händen verkneten.
2. Erst das Mehl, dann die übrigen Zutaten in eine hochwandige Schüssel geben. Mit den Knethaken des Elektroquirls alle Zutaten bei niedrigster Schaltstufe vermengen.
3. Das Mehl in die Schüssel der Teigrührmaschine geben, die übrigen Zutaten zugeben. Alles bei niedrigster Laufgeschwindigkeit mit dem großen Knethaken verkneten.

Bei geringen Teigmengen ist die erste Methode sowohl vom Zeitaufwand als auch von der Qualität her den beiden übrigen Methoden ebenbürtig, wenn man den Auf- und Abbau der Maschinen und deren Reinigung mit berücksichtigt. Bei sehr großen Teigmengen ist die letzte Methode die rationellste.
In jedem Fall muß Mürbeteig vor der weiteren Verarbeitung mindestens 30, besser aber 60 Minuten gekühlt werden. In Plastik eingeschlagen hält er sich im Kühlschrank bedenkenlos eine Woche, im Gefriergerät 3 Monate.

Im Ofen bei 200° C 12–15 Minuten backen.

Ergibt ca. 650 g oder 500 g Teig, beziehungsweise 600 oder 450 g fertiges Gebäck.

Quarkmürbeteig

200 g Mehl, Type 1050
2 TL Backpulver
1 Pr. Salz
100 g sehr trockener Magerquark
80 g Butter oder Margarine
30 g Zucker
1 Pk. Vanillinzucker oder Mark von 1/2 Vanilleschote oder feingeriebene Schale von 1/2 unbehandelten Zitrone

Dieser Teig ist weniger kalorienhaltig und besonders zum baldigen Verzehr geeignet. Nasser Quark sollte am Abend zuvor auf ein Tuch gegeben und aufgehängt werden, damit die Molke herausläuft. Erst dann den trockenen Quark wiegen. Die Herstellung entspricht der des Mürbeteigs.

Ergibt ca. 450 g Teig oder 400 g fertiges Gebäck.

Mandelmürbeteig

250 g Mehl
1 Pr. Salz
160 g Butter oder Margarine
125 g geschälte, sehr fein gemahlene Mandeln
100 g Zucker oder Puderzucker
1 1/2–2 Eier oder 3–4 Eigelb
1 Pk. Vanillinzucker

Dies ist eine besonders feine Abwandlung des populären Mürbeteigs. Bei Verwendung von Puderzucker wird der Teig sehr zart. Die Eimenge richtet sich nach der Mehlqualität. Zu fest darf der Teig keinesfalls sein.
Die Herstellung entspricht der des Mürbeteigs.

Ergibt ca. 750 g Teig oder 700 g fertiges Gebäck.

Butterplätzchen

250 g Mehl
100 g feiner Zucker
125 g Butter
50 g Butterschmalz
1 Eigelb
1 TL Rum oder Arrak
1 Pr. Salz
etwas feingeriebene unbehandelte Zitronenschale

1 Ei und 2 EL Wasser oder Milch zum Bepinseln

Hagelzucker oder Mandelblättchen zum Bestreuen

Dieses feine Gebäck wird am besten, wenn der Teig vor der Verarbeitung eine Nacht in Plastikfolie eingepackt im Kühlschrank lagert.
Mehl auf die Arbeitsfläche sieben, Zucker daraufgeben und das Fett in kleinen Flöckchen darauf verteilen. Eigelb, Rum oder Arrak, Salz und Zitronenschale zugeben. Alle Zutaten rasch mit einem großen Messer verhacken, dann mit kühlen Händen kurz zu einem glatten Teig verkneten. Drei bis vier Kugeln formen, diese kühlen. Dann portionsweise, am besten zwischen Plastikfolie, nicht zu dünn ausrollen. Plätzchen in beliebigen Formen ausstechen. Mit verquirltem Ei bepinseln, mit Hagelzucker oder Mandelblättchen garnieren.
Auf Backpapier bei 180° C in ca. 8–10 Minuten goldgelb backen.

Ergibt ca. 70 Stück oder 500 g auf 4 Backblechen.

Kinderkekse

125 g Butter oder Margarine
125 g feiner Zucker
2 Eier
1 Pr. Salz
2 Pk. Vanillinzucker
375 g Mehl
2 TL Backpulver

Ein preiswerter Teig, der sich leicht verarbeiten läßt und vielseitig geformt und verziert werden kann.
Das Fett mit Zucker, Eiern, Salz und Vanillinzucker mit dem Elektroquirl oder der Küchenmaschine weißlich-schaumig rühren. Das mit Backpulver gesiebte Mehl darunterrühren, zum Schluß kneten. Den Teig in vier Portionen in Plastikfolie eingehüllt mindestens 30 Minuten kühlen. Möglichst zwischen zwei Lagen Plastikfolie oder Backpapier ausrollen. Beliebige Plätzchen ausstechen oder Quadrate, Rechtecke oder Rauten ausrädeln. Je nach Lust und Laune mit Eigelb, das mit etwas Wasser verquirlt wurde, bepinseln und mit Hagelzucker, Mandelstiften oder -blättchen oder Nonpareille garnieren. Oder die Plätzchen nach dem Backen mit Orangen-, Zitronen-, Mokka- oder Schokoladenguß bepinseln und mit Silberkügelchen, Zuckerschrift, Regenbogenzucker, Pistazien oder Krokant lustig garnieren.
Bei 180° C in ca. 10 Minuten hell backen.

Ergibt ca. 100 Stück oder 600 g auf 4–5 Backblechen.

Pfaffenhütchen

Zutaten wie für Mandelmürbeteig siehe S. 89
200 g rote Marmelade
50 g Haselnüsse

Puderzucker zum Bestäuben

Ein lustiger Name für ein feines Gebäck. Den gekühlten Teig auf bemehlter Unterlage portionsweise 4 mm dick ausrollen. Runde Plätzchen von etwa 5 cm Ø ausstechen. Auf mit Backpapier belegte Bleche legen. Jeweils etwas rote Marmelade und eine leicht geröstete Haselnuß auf die Mitte geben. Den Teig an drei Stellen hochnehmen und in der Mitte zusammendrücken.
Bei 200° C in 15–20 Minuten nicht zu dunkel backen. Dann mit Puderzucker bestäuben. Mit Pergamentpapier dazwischen verpacken.

Ergibt ca. 55 Stück oder 750 g auf 2–3 Backblechen.

Spitzbuben

Zutaten wie für Mürbeteig siehe S. 88

Mehl zum Ausrollen

125 g rotes Johannisbeergelee zum Bestreichen

40 g Puderzucker zum Bestreuen

In vielen Familien heißen sie auch Geleeringe. Nicht nur weil sie so hübsch aussehen, dürfen sie auf keinem Weihnachtsteller fehlen. Marillenringe, eine österreichische Variation, werden nach dem gleichen Rezept gebacken. Dafür durchpassierte Aprikosenmarmelade statt des Gelees verwenden.
Gekühlten Mürbeteig portionsweise auf bemehlter Unterlage ca. 3 mm dick ausrollen. Runde Plätzchen und Ringe gleicher Größe (4–5 cm Ø) ausstechen. Oder aus der Hälfte der Plätzchen mit dem Fingerhut drei runde Löchlein ausstechen.
Plätzchen und Ringe auf getrennten Blechen ca. 10 Minuten backen (200° C). Achtung, die Ringe verbrennen sehr leicht!
Sie können auch Sternformen statt der Ringe nehmen. Die Plätzchen dick mit Gelee bestreichen, die Ringe mit Puderzucker bestäuben. Jeweils einen Ring auf ein rotes Plätzchen setzen. Etwas trocknen lassen. Zwischen Pergamentpapier verpacken.

Ergibt ca. 45 Stück oder 600 g auf 4–5 Backblechen.

Terrassen

Zutaten wie für Mürbeteig siehe S. 88

250 g Himbeergelee zum Zusammensetzen

75 g Puderzucker zum Bestäuben

Den Mürbeteig portionsweise auf bemehlter Unterlage 3–4 mm dick ausrollen. Runde Plätzchen mit glatten oder gerippten Rändern oder Sterne in drei verschiedene Größen ausstechen. Jede Größe gesondert auf einem mit Backpapier belegten Blech backen. Die Unterseite der beiden kleineren Plätzchen mit Gelee bestreichen. Terrassen zusammensetzen. Puderzucker durch ein Sieb darauf stäuben. Mit Zwischenlagen von Pergamentpapier verpacken.

Ergibt ca. 50 Stück oder 700 g auf 8 Backblechen.

Zebrataler

Zutaten wie für Mürbeteig siehe S. 88

Mehl zum Ausrollen

1/2 Glas Konfitüre zum Zusammensetzen

Zum Bepinseln:
200 g Puderzucker
1 EL Eiweiß
3–4 EL Rum oder Arrak

50 g Kuvertüre zum Bespritzen

Den gekühlten Teig auf bemehlter Unterlage oder zwischen zwei Lagen Plastik oder Backpapier 3 mm dick ausrollen. Runde Plätzchen ausstechen. Bei 200° C in ca. 12 Minuten hellbraun backen.
Die Hälfte der Plätzchen auf der Unterseite mit Konfitüre bestreichen. Ein zweites Plätzchen darauf setzen. Dann das Gebäck nach und nach mit dickem Rum- oder Arrakguß bepinseln. Die im Wasserbad geschmolzene Kuvertüre in einen Tiefkühlbeutel füllen, eine kleine Ecke abschneiden. Streifen oder Spiralen auf das noch feuchte Gebäck spritzen. Mit einer Messerspitze bei Spiralen von der Mitte nach außen oder vom Rand nach innen, bei Streifen quer hin und her ziehen. Auf diese Weise entstehen sehr attraktive Muster (Foto S. 87). Eilige Bäcker spritzen lediglich Spiralen auf den Rumguß.

Ergibt ca. 50 Stück oder 900 g auf 4–5 Backblechen.

Sterntaler

400 g Mehl
2 TL Backpulver
1 Pr. Salz
100 g Zucker
2 Pk. Vanillinzucker
1 Ei, 1 Eigelb
200 g Butter oder Margarine
3 EL dunkler Kakao
3 EL feiner Zucker
3 EL Rum
Mehl zum Ausrollen

4 EL Johannisbeergelee zum Zusammenkleben
125 g Puderzucker und 2 EL Zitronensaft zum Bepinseln
bunte Zuckerkugeln und Regenbogenzucker zum Garnieren

Das mit Backpulver und Salz gemischte Mehl aufhäufen. Zucker, Vanillinzucker, Ei, Eigelb und Fett in Flöckchen daraufgeben. Mit einem Messer verhacken. Dann rasch zu einem Teig verkneten.
Teig teilen. Unter eine Hälfte mit Zucker und Rum verrührten Kakao kneten. Jede Teigart auf bemehlter Arbeitsfläche 3 mm dick ausrollen. 5 cm große Sterne ausstechen.
Jede Sorte für sich auf Backpapier bei 180° C ca. 12 Minuten backen. Etwas Gelee auf einen Stern geben, helle und dunkle so aufeinander kleben, daß die Zacken sichtbar sind. Mit Zuckerguß überziehen und mit bunten Zuckerkügelchen oder Regenbogenzucker garnieren.

Ergibt ca. 75 Stück oder 900 g auf 5–6 Backblechen.

Nougattürmchen

Zutaten wie für Mürbeteig siehe S. 88 (halbe Teigmenge)

50 g bittere Orangenkonfitüre zum Füllen

Zum Verzieren:
100 g bittere, geriebene Schokolade
250 g Nougat
2 EL brauner Rum
1 TL Instantkaffee

50 g geröstete Haselnüsse zum Dekorieren

Den Mürbeteig 3 mm dünn ausrollen, runde Plätzchen mit gerippten Rändern von 3 cm Ø ausstechen. Bei 180° C nicht zu dunkel backen. Jeweils zwei Plätzchen auf der Unterseite mit Orangenkonfitüre bestreichen und zusammensetzen.
Grobgehackte Schokolade mit Nougat, Rum und Instantkaffee im Wasserbad schmelzen. Dabei fortwährend rühren. Die Masse soll gleichmäßig dickflüssig werden. Etwas kaltrühren. In einen Spritzbeutel mit sehr großer Sterntülle füllen. Großzügige Tupfer auf die Plätzchen spritzen. Im Kühlschrank erstarren lassen.
Die restliche Kuvertüre im Wasserbad schmelzen, die Plätzchen nacheinander hineintauchen. Jeweils eine Haselnuß auf die Mitte setzen.

Ergibt ca. 50 Stück oder 1 kg auf 4 Backblechen.

Mailänderli

250 g Butter
250 g feiner Zucker
3 Eier oder 1 Ei, 3 Eigelb und 3 EL Milch
feingeriebene Schale von 1 unbehandelten Zitrone
1 Pr. Salz
500 g Mehl

Mehl zum Ausrollen

2 Eigelb und 4 EL Wasser zum Bepinseln

Obwohl das Gebäck einen italienischen Namen hat, ist es doch das bekannteste schweizer Weihnachtsgebäck. Es wird aber sicher niemand etwas dagegen haben, wenn Sie die Plätzchen als Beigabe zu Eis oder Süßspeisen auch im Juli servieren.
Butter, Zucker und Eier mit dem Elektroquirl schaumig rühren. Mit den Knethaken Zitronenschale, Salz und Mehl unterarbeiten. Den Teig mindestens 2 Stunden im Kühlschrank ruhen lassen. Portionsweise auf leicht bemehlter Unterlage oder zwischen zwei Lagen Plastikfolie etwa 5 mm dick ausrollen. Beliebige Plätzchen, in der Weihnachtszeit natürlich auch Tierchen, ausstechen. Auf Backpapier legen, mit verquirltem Ei bepinseln.
Bei 180° C in 12 Minuten nicht zu dunkel backen.

Ergibt ca. 140 Stück oder 1 kg auf 6 Backblechen.

Orangentäschchen

Zutaten wie für Mürbeteig siehe S. 88

<u>Zum Füllen:</u>
150 g geschälte, gemahlene Mandeln
100 g feiner Zucker
Saft und Schale von 1–2 unbehandelten Orangen

Mehl zum Ausrollen

100 g Puderzucker und 3 EL Orangenlikör zum Bepinseln

Mit der leicht feuchten, überdies sehr leckeren Füllung halten sich die Plätzchen lange Zeit frisch.
Für die Füllung Mandeln mit Zucker, Orangenschale und -saft zu einer Paste verrühren. Den gekühlten Mürbeteig portionsweise 3–4 mm dick ausrollen. Runde Plätzchen von 5 cm Ø ausstechen.
Jeweils 1/2–1 TL Füllung in die Mitte geben. Plätzchen zu Taschen zusammenschlagen. Mit einem kleinen Kochlöffelstiel, der immer wieder in Mehl getaucht wird, die Ränder zusammendrücken. So entsteht ein hübsches Muster.
Auf mit Backpapier belegten Blechen bei 200° C in 12–15 Minuten hell backen. Noch heiß mit Orangenguß bepinseln.

Ergibt ca. 40 Stück oder 900 g auf 2 Backblechen.

Mandelplätzchen ohne Zucker

200 g Mehl
1/2 TL Salz
100 g Butter oder Margarine
1/10 l Wasser

Mehl zum Ausrollen

1 Ei und 2 EL Wasser zum Bepinseln

30 g geschälte, halbierte Mandeln zum Garnieren

Wer nach den Weihnachtstagen des Süßen überdrüssig ist, wird mit Vergnügen zu diesen herzhaften Plätzchen greifen. Sie passen auch gut zu Wein.
Das Mehl mit Salz, Fett und Wasser rasch zu einem glatten Teig verkneten. Mindestens 30 Minuten kühlen. Auf bemehlter Fläche 5 mm dick ausrollen. Teig auf ein Blech mit Backpapier legen. In 4 cm große Quadrate rädeln. Oberfläche mit verquirltem Ei bepinseln und mit Mandeln garnieren. Bei 200° C in 20–25 Minuten goldbraun backen.

Ergibt ca. 40 Stück oder 300 g auf 1 Backblech.

Mohnblumen

Zutaten wie für Mürbeteig siehe S. 88

50 g Mohn

Mehl zum Ausrollen

Zum Glasieren:
250 g Puderzucker
2 EL Zitronensaft
2 EL leicht verquirltes Eiweiß
einige Tropfen rote Speisefarbe

2–3 EL Mohn und 25 g gehackte Pistazien zum Garnieren

Auf dem bunten Weihnachtsteller sind diese hübschen Plätzchen ebenso beliebt wie als Beigabe zum Obstsalat bei der sommerlichen Party.
Den Teig mit Mohn verkneten und 3–4 mm dick ausrollen. Blüten ausstechen. Auf Backpapier legen.
Im Ofen bei 180° C in 12 Minuten hell backen.
Mit dem fröhlich-rosa Guß bepinseln. Auf die Blüten erst ein Kränzchen Mohnsamen streuen, dann einige gehackte Pistazien in die Mitte streuen. Vorm Verpacken gut trocknen lassen.

Ergibt ca. 60 Stück oder 1 kg auf 2–3 Backblechen.

Haselnußbüschel

100 g Butter oder Margarine
80 g feiner Zucker
2 Eigelb
2 El Crème fraîche
1 El Eierlikör
1 Pr. Salz
100 g gemahlene Haselnüsse
225 g Mehl Type 1050

Mehl zum Ausrollen

125 g Haselnußkerne zum Füllen
1 Eiweiß zum Zusammenkleben

Das Gebäck sieht ebenso hübsch aus wie es gut schmeckt. Suchen Sie die schönsten Haselnüsse zum Garnieren aus.
Das Fett mit Zucker, Eigelb, Crème fraîche, Eierlikör und Salz am besten mit dem Elektroquirl gut schaumig rühren. Dann die feingemahlenen Haselnüsse und das Mehl unterkneten. Den portionierten Teig mindestens 30 Minuten kühlen. Etwa 3 mm dick ausrollen. 3 cm große Quadrate ausrädeln. Jeweils einen Nußkern in die Mitte der einzelnen Quadrate legen. Den Teig leicht um die Nüsse drücken. Immer drei Nüsse mit Umhüllung mit etwas Eiweiß zu einem Büschel zusammendrücken. Auf Backpapier legen, über Nacht kühlen.
Am nächsten Tag bei 180° C in gut 10 Minuten goldgelb backen.

Ergibt ca. 40 Stück oder 600 g auf 2 Backblechen.

Pariser Haselnußstangen

250 g Haselnüsse
250 g Puderzucker
1 Ei
1 Eigelb
1 Pr. Salz

Puderzucker zum Ausrollen

Zum Glasieren:
1 Eiweiß
1 TL weißer Rum
100 g Puderzucker

Dieses feine französische Gebäck schmeckt nicht nur zur Weihnachtszeit. Es ist auch eine beliebte Ergänzung zu Fruchtsalaten oder Eisspezialitäten.
Die Haselnüsse im Backofen oder Mikrowellengerät leicht rösten, bis sich die dunklen Häutchen eben zu lösen beginnen. Auf einem Tuch abreiben. Mahlen. Mit Puderzucker, Ei, Eigelb und Salz zu einem Teig verrühren. 30 Minuten in den Kühlschrank stellen. Die Arbeitsfläche dünn mit Puderzucker bestäuben. Den Teig 5 mm dick darauf ausrollen.
In Stangen von 6 cm Länge und 1 1/2 cm Breite schneiden oder ausrädeln. Auf Backpapier legen.
Bei 180° C in etwa 10 Minuten nicht zu dunkel backen. Die sehr mürben Stangen vorsichtig mit dem Guß aus Eiweiß, Rum und Puderzucker bepinseln.

Ergibt ca. 60 Stück oder 650 g auf 2 Backblechen.

Grenobler Nußbissen

400 g Mehl
1 Ei
165 g gemahlene Walnüsse
175 g Zucker
1 Pr. Salz
2 Tropfen Bittermandelöl oder 4 fein gehackte bittere Mandeln
1 Msp. Kardamom
200 g Margarine

200 g bittere Orangenmarmelade zum Zusammensetzen

200 g Puderzucker und 2 Gläschen Rum zum Bepinseln

200 g Walnußkerne zum Garnieren

Dieses sehr aparte Gebäck kann auch in Form von Teegebäck zubereitet werden. In dem Fall werden die Plätzchen etwa 7 cm groß ausgestochen.
Das Mehl bergartig auf die Arbeitsfläche häufen. In die Mitte in eine Vertiefung das Ei schlagen. Die Walnüsse, den Zucker und die Gewürze darauf häufen. Das Fett in Flöckchen darauf verteilen. Alle Zutaten mit einem großen Messer verhacken und rasch mit kühlen Händen zu einem glatten Teig verkneten. Den Teig zu 3 Kugeln formen und mindestens 30 Minuten kühlen.
Etwa 5 mm dick ausrollen. 3 cm große, runde Taler ausstechen.
Auf mit Backpapier belegten Blechen bei 200° C etwa 10 Minuten backen. Die Hälfte der Plätzchen auf der Unterseite mit Orangenkonfitüre bestreichen, je zwei Plätzchen zusammensetzen. Die Oberfläche mit Rumguß dick bestreichen und mit halbierten Walnußkernen garnieren.

Ergibt ca. 45 Stück oder 1,5 kg auf 3 Backblechen.

Hefe-Weihnachtsgebäck

400 g Mehl
oder: 200 g Mehl und 200 g Vollkornmehl
300 g Butter oder Margarine
1/2 Würfel Hefe (20 g) oder 1 Beutel Trockenhefe
45 g Zucker
1 Pr. Salz

Mehl zum Ausrollen

4 EL rote Marmelade und 50 g Mandelstifte zum Füllen

1 Pk. Vanillinzucker und 50 g feiner Zucker zum Wenden

Der Teig läßt sich sehr gut verarbeiten und ist darum zum Backen mit Kindern sehr geeignet. Roh schmeckt er nicht nur Kindern gut. Beim fertigen Gebäck sind die mürbe Konsistenz, der Hefegeschmack und der geringe Zuckeranteil immer sehr beliebt.
Das Mehl mit Fett, der zerbröckelten Hefe, Salz und dem Zucker zu einem glatten Teig verarbeiten. In ein Tuch schlagen und 2 Stunden in kaltes Wasser hängen.
Portionsweise zwischen Plastikfolie oder auf bemehlter Unterlage nicht zu dünn ausrollen. Runde Plätzchen ausstechen. In die Mitte eine Vertiefung drücken. Diese mit Marmelade füllen, oder mit Ausstechformen Tierchen ausstechen. Diese mit Mandeln garnieren. Kurz gehen lassen. Bei 200° C in ca. 15 Minuten hell backen. Noch heiß in die Mischung aus Vanillinzucker und Zucker drücken.
Ergibt ca. 70 Stück oder 800 g auf 3 Backblechen.

Zedernbrot

3 Eiweiß
300 g Puderzucker
Mark von 1/2 Vanilleschote
1 EL Zitronensaft
fein geriebene Schale von 1 unbehandelten Zitrone
375 g geschälte, gemahlene Mandeln
3–4 geschälte, gemahlene bittere Mandeln

geschälte, gemahlene Mandeln zum Ausrollen

125 g Puderzucker und 3 TL Zitronensaft zum Bepinseln

Geschmacklich sind diese Halbmonde den Vanillekipferln sehr ähnlich, dort machen sie weit weniger Arbeit.
Die Eiweiß mit dem Elektroquirl steifschlagen. Nacheinander den Puderzucker, die Zitronenschale, das Vanillemark und die Mandeln dazugeben. Zum Schluß die Masse rühren bzw. kneten. Die Arbeitsfläche dick mit geriebenen Mandeln bestreuen, den Teigkloß mit einigen geriebenen Mandeln bestreuen und mit dicker Plastikfolie bedecken. Etwa 6–8 mm – also recht dick – ausrollen. Mit einem scharfkantigen Glas Halbmonde ausstechen. Dabei entsteht kaum Teigabfall.
Die Monde auf Backpapier legen und bei 150° C 35–45 Minuten im Ofen mehr trocknen als backen.

Ergibt ca. 120 Stück oder 900 g auf 4 Backblechen.

Orangenlikör-Ringe

250 g Mehl
1 Pr. Salz
10 g Zucker
1 Eigelb
100 g geschälte, sehr fein gemahlene Mandeln
feingeriebene Schale von 1/2 unbehandelten Orange
1 EL Orangenlikör (Grand Marnier)
125 g Butter oder Margarine

Mehl zum Ausrollen

2 EL Orangenlikör (Grand Marnier) und 1 Eigelb zum Bepinseln

Hagelzucker zum Bestreuen

Ein feines Gebäck. Vorzüglich zum Obstsalat. Das Rezept kann mit Zitronenschale und Zitronenguß abgewandelt werden.
Mehl mit Salz, Zucker, Mandeln und Orangenschale auf die Arbeitsfläche häufen. In eine Mulde die Eigelb und Likör geben. Fett in Flöckchen auf den Mehlrand verteilen. Alles rasch mit großem Messer verhacken, zu einem Teig kneten. 3 Kugeln formen. 30 Minuten kühlen.
Portionsweise 5 mm, also recht dick, ausrollen. Mit einem Ausstecher oder mit zwei Gläsern Ringe von etwa 4–5 cm Ø ausstechen. Auf mit Backpapier belegte Bleche legen. Mit einer Mischung aus Likör und Eigelb bepinseln und mit Hagelzucker bestreuen. Bei 180° C ca. 12 Minuten backen.

Ergibt ca. 60 Stück oder 500 g auf 2–3 Backblechen.

Zitroneneierplätzchen

2 Eier
2 Eigelb
175 g feiner Zucker
1 Pr. Piment
1 Pr. Zimt
1 Msp. Safran
feingeriebene Schale von 1 unbehandelten Zitrone
1 Pr. Salz
500 g Mehl
180 g Butter oder Margarine

Mehl zum Ausrollen
2 EL grober Zucker zum Bestreuen

Dieses ist eigentlich ein Universalrezept, denn der Teig kann mit Orangenschale, Zimt, Anis oder dem Mark einer Vanilleschote abgewandelt werden. Natürlich können Sie den Teig auch vierteln und jeden Teil individuell würzen.

Eier, Eigelb, Zucker und Gewürze mit dem Elektroquirl schaumig schlagen. Abwechselnd gesiebtes Mehl und das zerlassene, nur noch lauwarme Fett zugeben. Zu einem Teig verkneten. 60 Minuten kühlen.

Zwischen Plastikfolie oder Backpapier dünn, also nur etwa 2–3 mm dick, ausrollen. Mit einem Glas oder Ausstecher runde Plätzchen von 4–5 cm Ø oder Herzen ausstechen. Auf Backpapier legen. Mit Zucker bestreuen.

In ca. 10 Minuten bei 180° C nicht zu dunkel backen.

Ergibt ca. 130 Stück oder ca. 800 g auf 6 Backblechen.

Geleeherzen

Zutaten wie für Mandelmürbeteig siehe S. 89

Zum Bepinseln:
300 g Johannisbeergelee
150 g Puderzucker
2–3 EL Rum

rote Zuckerschrift oder Pistazien zum Garnieren

Den gekühlten Mandelmürbeteig portionsweise zwischen Plastikfolie nicht zu dünn ausrollen. Herzen ausstechen.
Auf Backpapier in ca. 12 Minuten bei 180° C nicht zu hell backen.
Nach dem Abkühlen jeweils zwei Herzen mit Gelee zusammensetzen. Die Oberfläche dünn mit Gelee bepinseln. Das Gelee über Nacht trocknen lassen. Erst dann den Rumguß vorsichtig darauf pinseln, so daß das Rot noch leicht durchschimmert. Entweder mit Zuckerstift ein kleineres Herz daraufspritzen oder jeweils zwei Pistazienhälften auf die Kekse setzen.

Ergibt ca. 40 Stück oder 1 kg auf 4 Backblechen.

Ingwerherzen

Zutaten wie für Mürbeteig siehe S. 88

1 TL geriebener Ingwer

200 g Kuvertüre zum Bepinseln

50 g kandierter Ingwer zum Garnieren

Der Ingwer gibt dem Gebäck einen herzhaften Geschmack, darum ist es bei Männern sehr beliebt. Gut zu exotischem Kompott.
Der Mürbeteig mit Ingwerpulver verkneten. Auf bemehlter Unterlage portionsweise 3–4 mm dick ausrollen. Herzen ausstechen.
Bei 180° C ca. 10 Minuten backen.
Mit im Wasserbad erwärmter Kuvertüre überziehen und mit feingehacktem Ingwer bestreuen.

Ergibt ca. 70 Stück oder 800 g auf 3 Backblechen.

Orangenherzen

3 Eigelb
1 Pr. Salz
100 g Puderzucker
feingeriebene Schale von 1 unbehandelten Orange
250 g geschälte, feingemahlene Mandeln

40 g Puderzucker zum Ausrollen

Für die Glasur:
100 g Puderzucker
2–3 EL Orangensaft
1 TL Eiweiß

Schale von 1 unbehandelten Orange zum Garnieren

Verführerisches Gebäck, mit dem man seine Zuneigung zeigen kann.
Eigelb, Salz und Puderzucker mit dem Elektroquirl weißschaumig schlagen. Orangenschale und Mandeln zugeben, zum Teig verkneten.
Auf wenig Puderzucker 4–5 mm dick ausrollen. Daraus Herzchen mit möglichst wenig Teigabfall ausstechen. Auf Backpapier legen.
Bei milder Hitze (160° C) im Ofen etwa 12 Minuten backen.
Aus den angegebenen Zutaten eine dickflüssige Glasur rühren, sorgfältig auf die Herzen pinseln. Mit feinen Streifen aus dünn abgeschälter Orangenschale garnieren.
Das Rezept kann mit Zitronenschale und -saft abgewandelt werden. Die Kekse sind dann Zitronenherzen.

Ergibt ca. 45 Stück oder 500 g auf 2 Backblechen.

Springerle

4 Eier
500 g Puderzucker
feingeriebene Schale von 1 unbehandelten Zitrone
1 Pr. Salz
1 Msp. Hirschhornsalz
500–550 g Mehl

Mehl zum Ausrollen

2 EL Anis für das Blech

Die in Süddeutschland so beliebten Springerle können auch, mit Wasser- oder Lebensmittelfarben bunt bemalt, an roten oder goldenen Bändchen an den Christbaum gehängt werden. Während der ersten Tage sind sie sehr hart, darum 2–3 Wochen an einem feuchten Platz liegen lassen.
Die Eier mit Puderzucker, Zitronenschale und Salz am besten mit dem Elektroquirl in einer Teigschüssel so lange schlagen, bis eine weißschaumige Masse entstanden ist. Dann das Mehl dazugeben und unterkneten, die Menge richtet sich etwas nach der Eiergröße und der Mehlqualität. Den geschmeidigen Teig mit einem Tuch bedeckt 3 Stunden kühlen.
7–9 mm dick auf leicht bemehlter Unterlage ausrollen und in Stücke schneiden. Bemehlte Springerleformen fest hineindrücken, die Ränder abschneiden. Auf Bleche legen, die mit Backpapier belegt und mit Anis bestreut wurden. Stets nur eine kleine Teigmenge verarbeiten und den Rest abgedeckt aufheben, damit der Teig nicht austrocknet. Jeweils ein Tuch über die Bleche legen und 12–14 Stunden an kühler, trockener Stelle aufbewahren, damit sich die typischen Füßchen bilden.
Bei nur 120–130° C ca. 20 Minuten mehr trocknen lassen als backen, nach 10 Minuten die Oberfläche mit Backpapier abdecken. Richtige Springerle sollten ganz weiß bleiben, aber hellgelbe Füßchen haben.

Ergibt ca. 30 bis 40 Stück oder 1 kg auf 4 Backblechen.

Piniensterne

125 g geschälte, grobgehackte Mandeln
150 g Mehl
1 Pr. Salz
80 g feiner Zucker
1 Pk. Vanillinzucker
1 Pr. gemahlene Nelken
75 g Butter oder Margarine
1 Ei

Mehl zum Ausrollen

1 Eigelb und 2 EL Wasser zum Bepinseln
75–125 g Pinienkerne zum Garnieren

Leider sind die zumeist aus Italien oder der Türkei importierten Pinienkerne recht kostspielig. Doch geben sie diesen Sternchen ein besonders hübsches Aussehen.
Mandeln, Mehl, Salz, Zucker, Vanillinzucker und Nelken gut miteinander vermischen und auf die Arbeitsfläche schütten. Das in Flöckchen zerteilte Fett und das Ei daraufgeben. Rasch alle Zutaten zu einem Teig verkneten. Kühlen.
Portionsweise zwischen Plastikfolie 4 mm dick ausrollen. Oberfläche mit verquirltem Ei dünn bepinseln. Erst dann 5 cm große Sternchen ausstechen, dabei das Förmchen mehlen und dicht nebeneinander ansetzen, so daß wenig Abfälle entstehen. Strahlenförmig Pinienkerne eindrücken.
Auf Backpapier bei 180° C in ca. 15 Minuten goldbraun backen.

Ergibt ca. 65 Stück oder 500 g auf 2 Backblechen.

Basler Braune

3 Eier
250 g Zucker
1 Pk. Vanillinzucker
100 g dunkle, feingeriebene Schokolade
600 g ungeschälte, gemahlene Mandeln
1 TL Zimt
1 Pr. Salz
4 EL Kirschwasser

Mehl zum Ausrollen
2 EL Puderzucker zum Bestäuben

In der Schweiz legt man Wert auf gute Qualität. Dieses traditionelle Weihnachtsgebäck ist über die Grenzen der Eidgenossen beliebt.
Eier, Zucker und Vanillinzucker mit dem Elektroquirl sehr schaumig schlagen. Übrige Zutaten mit den Knethaken untermischen. Mit Folie abdecken, mindestens 2 Stunden in den Kühlschrank stellen.
Auf bemehlter Arbeitsfläche oder zwischen zwei Lagen dicker Plastikfolie 5 mm dick ausrollen. Hübsche weihnachtliche Formen oder Rechtecke ausstechen.
Auf mit Backpapier belegten Blechen in 12–15 Minuten bei 180° C nicht zu dunkel backen.
Dünn mit Puderzucker übersieben, dabei Alufolie unters Gitter legen. Bei Rechtecken eventuell zuvor weihnachtliche Formen aus Pappe auf die Plätzchen legen, damit das Gebäck stellenweise dunkel bleibt.

Ergibt ca. 80 Stück oder 1 kg auf 3 Backblechen.

Zimthörnchen

200 g Butter oder Margarine
100 g Zucker oder Farinzucker
1 TL Zimt
1 Pr. Salz
100 g gemahlene Haselnüsse
200 g Mehl
2 TL Backpulver

3 EL feiner Zucker und 1/2 TL Zimt zum Wenden

Sehr aromatisch, dabei hübsch anzusehen sind diese schnell gefertigten Zimthörnchen.
Für den Teig das Fett mit Zucker, Zimt und Salz, am besten mit dem Elektroquirl, sehr schaumig rühren. Die Plätzchen schmecken noch würziger, wenn die Haselnüsse vor dem Mahlen 5 Minuten im Backofen geröstet wurden. Die gemahlenen Haselnüsse und das mit Backpulver gemischte Mehl unter die Eischaummasse geben. Den Teig mindestens 30 Minuten kühlen.
Zwischen zwei Lagen Plastikfolie oder Backpapier 5–6 mm dick ausrollen. Das obere Papier abziehen. Mit Hilfe eines scharfkantigen Glases oder einer Halbmondform Plätzchen ausstechen.
Auf Backpapier legen, bei 200° C in 12–15 Minuten nicht zu dunkel backen. Noch heiß in der Mischung aus Zucker und Zimt wenden.

Ergibt ca. 70 Stück oder 600 g auf 3 Backblechen.

Zimtsterne

300 g gemahlene Mandeln
250 g feiner Zucker
150 g Rohmarzipan
3 TL Zimt, 1 Pr. Salz
4 Eiweiß

2 Eiweiß und 125 g Puderzucker zum Bepinseln

Für Zimtsterne gibt es nicht nur in Bayern beinahe ebensoviele Rezepte wie Haushalte.
Mandeln, Zucker, Zimt, Salz und Eiweiß mit dem Elektroquirl vermischen. Ist der Teig zu flüssig, noch gemahlene Mandeln zugeben.
Für den Guß die übrigen Eiweiß am besten im Wasserbad mit dem Puderzucker zu einer dickflüssigen weißen Masse verquirlen.
Teig zwischen Plastikfolien 1 cm dick ausrollen. Die ganze Teigplatte mit einem Teil des Gusses bestreichen. Die Sterne mit möglichst wenig Abfall ausstechen. Eine Teigplatte ist schneller bepinselt als viele einzelne Sterne, aber Sie können auch erst Sterne ausstechen und diese dann bepinseln.
Auf Backpapier bei nur 150° C in 20–25 Minuten trocknen lassen.
Beim Zusammenkneten der Teigreste eventuell noch gemahlene Mandeln zugeben oder die Reste wie Makronen backen. Vorm Verzehr an feuchter Stelle weich werden lassen.

Ergibt ca. 50 Stück oder 800 g auf 3 Backblechen.

Zimtwaben

250 g Haselnüsse
2 Eier
200 g Farinzucker
1 Pk. Vanillinzucker
2 TL Zimt

1/2 Eiweiß und 1 Pk. Vanillinzucker zum Bepinseln

Die sechseckige Form hat dem Gebäck seinen Namen gegeben.
Zunächst die Haselnüsse im Backofen etwa 10 bis 12 Minuten rösten, so daß sich die braunen Häutchen lösen. Die Nüsse auf einen Seiher oder ein Tuch geben, abreiben, dann mahlen. Mit dem Elektroquirl Eier und Zucker schaumig schlagen, bis sich die Zuckerkristalle aufgelöst haben. Den Vanillinzucker, Zimt und die gemahlenen Nüsse darunterrühren.
Zwischen zwei Lagen Backpapier den Teig 5–6 mm dick ausrollen. Das obere Backpapier abziehen. Die Teigplatte mit einer Mischung aus Eiweiß und Vanillinzucker bestreichen. Dann mit einem sechseckigen Förmchen Plätzchen ausstechen. Dabei entsteht kaum Abfall.
Plätzchen mit geringem Abstand auf Backpapier legen, bei 150° C im Backofen 20–25 Minuten mehr trocknen lassen als backen.

Ergibt ca. 60 Stück oder 500 g auf 2–3 Backblechen.

Spekulatius

200 g Mehl Type 1050
100 g feiner Farinzucker
100 g Butter oder Margarine
1–2 EL Milch
1 TL Spekulatiusgewürz
1 Msp. Backpulver
1 Pr. Salz

Mehl zum Ausrollen

Reismehl zum Ausstäuben

Dieses niederrheinische Gebäck bringt der Nikolaus am 6. Dezember. Einige Tage vorher backen.
Das Mehl auf eine Arbeitsfläche häufen, die restlichen Zutaten daraufgeben und mit einem großen Messer verhacken, dann rasch zu einem Teig verkneten. 30 Minuten kühlen.
Portionsweise ca. 4 mm dick ausrollen und Förmchen ausstechen. Oder dicker ausrollen und den Teig in mit Reismehl bepuderte Spekulationsformen drücken. Den überstehenden Teig abschneiden. Die Plätzchen durch Aufschlagen auf die Tischkante lösen.
Auf Backpapier bei 200° C 10 Minuten backen. Nach Belieben zuvor gehobelte Mandeln auf das Papier streuen.

Ergibt ca. 35 Stück oder 400 g auf 2 Backblechen.

Mandelbrenten

200 g Marzipanrohmasse
100 g Puderzucker
feingeriebene Schale von 1/4 unbehandelten Zitrone
1 Eiweiß
150–250 g geschälte, halbierte Mandeln

Dies ist eigentlich ein Konfekt. Das Rezept stammt aus dem Frankfurter Raum.
Die Marzipanrohmasse mit Puderzucker, Zitronenschale und einem halben Eiweiß verkneten. Zwischen zwei Lagen Backpapier oder dicker Plastikfolie knapp 1 cm dick ausrollen. Runde oder ovale Plätzchen ausstechen. Die Oberfläche mit verquirltem Eiweiß bepinseln. Die Mandeln halbieren. Wie Tannenzapfen schuppenförmig auf die Plätzchen kleben. 24 Stunden trocknen lassen.
Dann für 20 Minuten in den Backofen (175° C) schieben.

Ergibt ca. 40 Stück oder 500 g auf 2 Backblechen.

Mandelblätterteig

65 g geschälte, feingemahlene Mandeln
65 g feiner Zucker
375 g Mehl
4 EL Sahne
1/8 l Weißwein
1 Pr. Salz
175 g Butter oder Margarine

Mehl zum Ausrollen

1 Eigelb zum Bepinseln
50 g geschälte, gehackte Mandeln zum Bestreuen

Für diesen Teig gilt: Je größer die Teigmenge, um so leichter ist sie herzustellen. Doppelte oder vierfache Menge herstellen und Apfel- oder Mandeltaschen backen.
Mandeln mit Zucker, Mehl, Sahne, Wein und Salz zum geschmeidigen Teig verkneten und 1 cm dick ausrollen. Das kalte Fett zwischen Pergamentpapier daumendick ausrollen, auf den Teig legen. Den Teig dreifach zusammenschlagen. Wieder ausrollen und zusammenfalten, so daß drei Schichten aufeinander liegen. Teig 30 Minuten kühlen, dann wieder zweimal ausrollen und dreifach falten. Abermals kühlen und den Vorgang nochmals wiederholen. Schließlich den Teig 5 mm dick ausrollen, beliebig ausstechen. Mit verquirltem Ei bepinseln, mit Mandeln bestreuen.
Bei 200° C ca. 15 Minuten auf Backpapier backen.

Ergibt ca. 70 Stück oder 750 g auf 3 Backblechen.

Mandolinchen

Zutaten wie für Mandelmürbeteig siehe *S. 89*

1 Eigelb und 2 EL Milch zum Bepinseln
35 geschälte Mandeln und 35 geschälte Pistazien zum Garnieren

Den Mandelmürbeteig wie beschrieben herstellen und vor der weiteren Verarbeitung gut kühlen. Am besten zwischen Plastikfolie nicht allzu dünn ausrollen. Ovale Plätzchen ausstechen. Gleichmäßig mit verquirltem Ei bepinseln. Wie auf dem Foto zu sehen, jeweils eine halbe Mandel und zwei Pistazienhälften auf die Kekse kleben. Etwas andrücken.
Auf Backpapier bei 200° C in 8 bis 10 Minuten nicht zu dunkel backen.

Ergibt ca. 70 Stück oder 650 g auf 3 Backblechen.

Weizenschrotkekse

250 g Vollkornmehl
50 g Buchweizenmehl
150 g Butter oder Margarine
100 g flüssiger Honig
80 g feingemahlene Haselnüsse
feingeriebene Schale von 1 unbehandelten Zitrone
1 TL Zimt
1 Msp. Ingwer
1 Msp. geriebene Muskatnuß
1 Pr. Salz
2–3 EL Sahne

1 Eigelb und 4 EL Sonnenblumenkerne zum Verzieren

50 g Nougat zum Bestreichen

Ein apartes Rezept aus der Vollwertküche. Achten Sie darauf, daß das Mehl frisch gemahlen wurde, damit es nicht ranzig schmeckt.
Alle Zutaten in eine Schüssel geben und mit den Knethaken des Elektroquirls zum festen Teig verarbeiten. Die Menge der Sahne richtet sich nach der Quellfähigkeit des Mehls. Den Teig in Portionen kühlen.
Auf leicht bemehlter Arbeitsfläche ca. 5 mm dick ausrollen und beliebige Plätzchenformen ausstechen. Mit Eigelb bepinseln, mit Sonnenblumenkernen bestreuen.
Bei 180° C in 12–15 Minuten knusprig backen. Nach dem Erkalten je zwei Plätzchen mit im Wasserbad erwärmtem Nougat zusammensetzen.

Ergibt ca. 50 Stück oder 700 g auf 2–3 Backblechen.

Sonnenblumenplätzchen

200 g geschälte Sonnenblumenkerne
200 g Honig
250 g Butter oder Margarine
2 EL Sahne
250 g Mehl Type 1050
1 Pr. Salz
1 Ei
feingeriebene Schale von 1 unbehandelten Zitrone

Mehl zum Ausrollen

Die Sonnenblumenkerne mit 175 g Honig, 100 g Fett und der Sahne im kleinen Topf aufkochen, abkühlen lassen.
Den restlichen Honig mit dem Fett, Mehl, Salz und Ei in eine Rührschüssel geben und mit den Knethaken des Elektroquirls rasch zu einem Teig vermischen. Zur Kugel formen und 2 Stunden kühlen.
Auf bemehlter Arbeitsfläche 5 mm dick ausrollen. Runde Plätzchen von 4–5 cm Ø ausstechen. Jeweils auf die Mitte einen Teelöffel der Sonnenblumenkernmischung geben.
Bei 180° C in 20–25 Minuten hell backen. Noch heiß mit geriebener Zitronenschale bestreuen.

Ergibt ca. 60 Stück oder 900 g auf 2–3 Backblechen.

Sojaplätzchen

100 g Vollkornmehl
50 g Sojamehl
50 g Farinzucker
1 Ei
100 g Butter oder Margarine
1 Pr. Salz

Mehl zum Ausrollen

2 EL durchpassierte Aprikosenkonfitüre und 4 EL Sonnenblumenkerne zum Garnieren

Kaum einer Ihrer Gäste wird die Zutaten dieser Plätzchen erraten. Der Teig kann übrigens auch für die beschriebenen Mürbeteigvariationen abgewandelt werden.
Mehl und Sojamehl gemischt auf die Arbeitsfläche häufen. Zucker, Ei, Fettflöckchen und Salz daraufgeben. Alles rasch zum Teig verkneten. In Plastikfolie eingeschlagen für mindestens 30 Minuten kühlstellen.
Auf bemehlter Arbeitsfläche oder zwischen Backpapier portionsweise 3–4 mm dünn ausrollen. Blütenförmige Plätzchen ausstechen. Die Aprikosenkonfitüre etwas erwärmen, das Gebäck dünn damit bepinseln. Sonnenblumenkerne in die Mitte streuen. Statt der Sonnenblumenkerne kann man auch ungeschälte, grobgehackte Mandeln verwenden.
Auf mit Backpapier belegten Blechen bei 200° C in ca. 10 Minuten nicht zu dunkel backen.

Ergibt ca. 50 Stück oder 400 g auf 2 Backblechen.

Weihnachtsspezialitäten

»Lekoung«, nämlich Lebkuchen, wurden schon um 1300 in Nürnberger Chroniken erwähnt. Die Stadt, umgeben von dichten Wäldern, war berühmt für ihren Honig. Und als verkehrsgünstiger Knotenpunkt wurde dort der Handel mit venezianischen Gewürzen groß geschrieben. Pfeffer galt als Sammelbegriff für alle Gewürze. So entstand die Bezeichnung Pfefferkuchen, obwohl im Teig kein Gramm Pfeffer enthalten ist. 1645 gründete man die Zunft der Pfefferkuchenbäcker. Bis heute ist Nürnberg das Lebkuchenparadies, aus dem in alle Erdteile exportiert wird. Dank der Meereslage haben auch Holländer, Skandinavier und Hamburger ihre Liebe zum würzigen Weihnachtsgebäck entwickelt.

Damit das Aroma gut durchzieht und die Plätzchen an der Luft nach dem Backen weich werden können, muß mit der Lebkuchenbäckerei im November begonnen werden.
Die ursprünglichen typischen Treibmittel Pottasche und Hirschhornsalz werden heute aus praktischen Gründen oft durch Backpulver ersetzt. Pottasche muß in Wasser aufgelöst werden, ehe man sie an den Teig gibt.

Zum Überziehen des fertigen Gebäcks mit Kuvertüre wird diese zunächst, am besten in einem hitzebeständigen Bügelglas, auf dem Wasserbad unter stetigem Rühren zum Schmelzen gebracht. Dann abkühlen lassen und wieder erwärmen. Nur so bekommt sie Glanz. Zum Überziehen das Gebäck entweder eintauchen oder auf eine zweizinkige lange Gabel oder einen Bratenwender legen und die flüssige Kuvertüre darüber schöpfen und ablaufen lassen. Reste im verschlossenen Bügelglas aufheben. Wird die Kuvertüre überhitzt oder mit Wasser gemischt, wird sie grießig und krümelig.

Zum Verzieren von Gebäck für den Weihnachtsschmuck braucht man einen dickflüssigen Guß aus Puderzucker und Eiweiß. Er kann beliebig bunt gefärbt werden. Den Guß in einen kleinen Tiefkühlbeutel füllen, oben gut verschließen. Dann eine ganz kleine Spitze abschneiden.

Spekulatius mit Marzipanfüllung

300 g Mehl
1/2 Pk. Backpulver
150 g feiner Farinzucker
1/2 Pk. Spekulatiusgewürz
feingeriebene Schale von 1 unbehandelten Zitrone
1 Pr. Salz
300 g geschälte, gemahlene Mandeln
2 Eier
150 g Butter oder Margarine

Für die Füllung:
300 g Marzipanrohmasse
300 g Puderzucker
1 Eiweiß
Saft und feingeriebene Schale von 1 unbehandelten Mandarine

Mehl zum Ausrollen

1 Ei zum Bepinseln

halbierte, geschälte Mandeln zum Garnieren

Ein vorzügliches, altholländisches Rezept, das allerdings ein wenig Geschicklichkeit erfordert.
Für den Teig das Mehl mit Backpulver, Zucker, Gewürzen und Mandeln bergartig auf die Arbeitsfläche häufen. In die Mitte eine Vertiefung drücken. Die Eier hineinschlagen. Das Fett in Stückchen auf den Mehlrand setzen. Alles rasch mit großem Messer verhacken. Dann mit kühlen Händen zu einem gleichmäßigen Teig verkneten. Die Teigkugel mindestens 30 Minuten kühlen.
Aus Marzipanrohmasse, Puderzucker und Eiweiß die Füllung rühren.
Die Hälfte des Teiges auf einem mit Backpapier belegten Blech ausrollen. Die Marzipanfüllung in einem großen Tiefkühlbeutel ebenfalls auf Blechgröße ausrollen. Den Beutel an zwei Kanten aufschneiden und die Füllung auf die Teigplatte geben. Dann den restlichen Teig auf leicht bemehlter Unterlage oder Backpapier ausrollen, die Füllung damit abdecken. Mit verquirltem Ei bepinseln. Rechtecke von 2 x 4 cm markieren. Das Gebäck mit Ei bepinseln und mit den Mandelhälften garnieren.
Im Ofen bei 180° C etwa 45 Minuten backen. Noch heiß mit scharfem Messer in Stücke teilen.

Ergibt ca. 60 Stück oder 1,4 kg auf 1 Backblech.

Hamburger braune Kuchen

125 g Rübenkraut
125 g dunkler Sirup
125 g Farinzucker
125 g Schweineschmalz
500 g Mehl
1 EL Zimt
1 TL gemahlene Nelken
1 TL gemahlener Kardamom
15 g Pottasche
1 EL Rosenwasser
65 g feingehacktes Orangeat
65 g feingehacktes Zitronat

Mehl zum Ausrollen

1 Eiweiß zum Bepinseln

geschälte Mandeln zum Garnieren

Schlechthin ein Muß für den norddeutschen Weihnachtsteller. Ein ausgesprochen praktischer Teig. Man kann ihn eingepackt im Kühlschrank bedenkenlos 4 Wochen aufheben und portionsweise nach und nach verarbeiten. Er gewinnt dabei nur an Güte.
Rübenkraut, Sirup, Farinzucker und das Schmalz im Topf erwärmen und alle Zutaten gut miteinander verrühren. Das Mehl mit den restlichen Zutaten vermischen. Den abgekühlten Sirup dazugeben. Alles zu einem glatten Teig verkneten. In Alufolie verpackt mindestens eine Woche in den Kühlschrank legen.
Vor dem Ausrollen auf dünn bemehlter Arbeitsfläche oder Plastikfolie oder Backpapier den Teig gut durchkneten. Quadrate ausradeln oder traditionelle weihnachtliche Figürchen ausstechen. Mit verquirltem Eiweiß bepinseln. Mit Mandeln dekorieren. Auf Backpapier in 8–10 Minuten bei 200° C knusprig backen.

Ergibt ca. 180 Stück oder 1,2 kg auf 6 Backblechen.

Spanische Pfeffernüsse

120 g Honig
75 g Farinzucker
250 g Mehl Type 1050
2 TL Pfefferkuchengewürz
1 TL Backpulver
2 Eier
100 g getrocknete Aprikosen
3 EL Rum

150 Aprikosenmarmelade zum Bepinseln

40 g gemahlene Haselnüsse zum Wenden

Den Honig mit dem Zucker im kleinen Topf erhitzen und zergehen lassen, abkühlen lassen. Das Mehl mit Gewürzen, Backpulver, Eiern und der abgekühlten Honigmasse verrühren. Die Aprikosen sehr klein hacken und mit dem Rum beträufelt unter den Teig rühren.
Mit einem Teelöffel Häufchen auf mit Backpapier belegte Bleche setzen oder zum 2,5 cm dicken Block formen. In Würfel 2,5 x 2,5 cm schneiden. Diese dann zu Kugeln formen.
Bei 175° C in 20 Minuten nicht zu dunkel backen. Noch heiß mit durchpassierter, leicht erwärmter Aprikosenmarmelade bepinseln. Im Backofen kurz nachtrocknen lassen. In gemahlenen Haselnüssen wenden. Erst nach 2 Wochen feuchter Lagerung anbieten.

Ergibt ca. 60 Stück oder 650 g auf 2 Backblechen.

Gefüllter Honigkuchen

250 g Honig
65 g Zucker
65 g Butter oder Margarine
1 EL Rum
1 Ei
1 TL Zimt
1 Pr. Salz
5 feingehackte bittere Mandeln
500 g Mehl Type 1050 oder 250 g Mehl Type 1050 und 250 g Vollkornmehl
1 Pk. Backpulver

400 g Hagebuttenmark oder Pflaumenmus zum Füllen

100 g Puderzucker und 2 EL Arrak zum Bepinseln

Durch die Füllung bekommt dieses Gebäck eine angenehm saftige Konsistenz.
Den Honig mit dem Fett im Topf schmelzen und wieder etwas abkühlen lassen. Nacheinander die übrigen Zutaten unterrühren bzw. unterkneten. Unter Umständen ist noch etwas mehr Mehl erforderlich. Der Teig darf zwar nicht zu fest sein, soll aber ausrollbar sein. In zwei Hälften teilen.
Die erste Hälfte zwischen zwei Lagen Backpapier auf 2/3 der Blechgröße ausrollen. Das obere Papier abziehen, die Ränder etwas hochbiegen. Hagebuttenmark darauf streichen. Restlichen Teig ebenfalls zwischen Backpapier ausrollen, das Papier abziehen, die Teigdecke auf die bestrichene Platte legen. Mehrmals mit einer Gabel einstechen.
Bei 200° C ca. 25 Minuten backen. Noch heiß mit Arrakguß bepinseln. In 3 x 9 cm große Rechtecke schneiden.

Ergibt ca. 40 Stück oder 1,3 kg auf 1 Backblech.

Spitzkuchen

200 g Honig
50 g Butter oder Margarine
1 EL dunkler Kakao
feingeriebene Schale von 1 unbehandelten Zitrone
1 TL Zimt
1 Pr. Salz
100 g ungeschälte, gehackte Mandeln oder Nüsse
250 g Mehl Type 1050
2 TL Backpulver

Mehl zum Ausrollen

Zum Eintauchen:
150 g Johannisbeergelee
4 EL Rum
300 g Kuvertüre

Durch die schützende Schokoladenumhüllung bleibt dieses Gebäck lange frisch. Es ist bei allen sehr beliebt, erfordert aber eine geschickte Hand.
Honig mit dem Fett in einem Topf schmelzen, dann wieder abkühlen lassen. Nacheinander die Gewürze, Mandeln oder Nüsse und das mit Backpulver gemischte Mehl untermengen. Sollte der Teig kleben, kein Mehl zugeben. Besser ist es dann, den Teig zu kühlen.
Zu 2,5 cm dicken Rollen in der Länge des Backblechs formen. Auf Backpapier legen und leicht flachdrücken. Bei 180° C in ca. 20 Minuten braun backen.

Am folgenden Tag die erkalteten Rollen in Dreiecke schneiden. Zwei Tage an einem warmen, trockenen Platz stehen lassen, damit die Oberfläche etwas austrocknet.
Erst in erwärmtes Gelee mit Rum, dann mit Hilfe einer langen Gabel in im Wasserbad zerlassene Kuvertüre tauchen.

Ergibt ca. 80 Stück oder 1 kg auf 2 Backblechen.

Dominosteine

250 g Honig
65 Zucker
65 g Butter oder Margarine
2 Eier
feingeriebene Schale von 1 unbehandelten Zitrone
1 TL Honigkuchengewürz
2 EL dunkler Kakao
1 Pr. Salz
300 g Mehl Type 1050
3 TL Backpulver

450 g Johannisbeergelee
evtl. 200 g Marzipan, 100 g Puderzucker und 3 EL Rum zum Füllen

400 g dunkle Kuvertüre zum Eintauchen

Die Herstellung erfordert Geduld und eine recht geschickte Hand.
Wer es ganz besonders gut meint, kann diese guten Dominosteine mit einer zusätzliche Füllung aus 200 g Marzipanrohmasse, die mit 100 g Puderzucker und 3 EL Rum verrührt wurde, noch verbessern.
Den Honig mit Zucker und Fett zunächst im Topf erwärmen. Dann in die abgekühlte Masse nacheinander die Gewürze und das mit Backpulver vermischte Mehl geben. Den Teig auf 2/3 eines mit Backpapier belegten Bleches streichen.
Im Ofen bei 180° C etwa 20 Minuten backen.
Die Teigplatte teilen. Beide Schnittflächen dünn mit Johannisbeergelee und eventuell Marzipan zusammensetzen. Mit einem Sägemesser in Quadrate von 3 cm Kantenlänge schneiden. An trockener, kühler Stelle 24 Stunden stehen lassen, damit das Gebäck etwas antrocknet. Die Oberfläche der Würfel rundherum mit erwärmtem Gelee dünn bepinseln. Am folgenden Tag die Kuvertüre im Wasserbad erwärmen. Die Würfel mit Hilfe einer langen, zweizinkigen Gabel hineintauchen. Auf einem Gitter über Alufolie trocknen lassen.

Ergibt ca. 64 Stück oder 1,6 kg auf 1 Backblech.

Feine Haselnußlebkuchen

250 g dunkler Honig
250 g gemahlene Haselnüsse
200 g Farinzucker
50 g kleingehacktes Zitronat
feingeriebene Schale von 1 unbehandelten Zitrone
1/2 TL Zimt
1/2 TL gemahlene Nelken
1 TL Pottasche
1/8 l Kirschwasser
1 Pr. Salz
ca. 500 g Mehl Type 1050

Mehl zum Ausrollen

300 g dunkle Kuvertüre zum Bepinseln

100 g geröstete Pinienkerne zum Garnieren

Diese Haselnußlebkuchen sollten Sie unbedingt mit Pottasche backen, denn sie gibt dem Gebäck den typischen Geschmack. Natürlich können die Haselnüsse auch durch geschälte Mandeln ausgetauscht werden. Wenn die Nüsse oder Mandeln leicht geröstet werden, ist ihr Aroma noch intensiver.
In einem nicht zu kleinen Topf zunächst den Honig aufkochen. Die übrigen Zutaten trocken miteinander vermischen. Dann rasch den Honig zugießen und heftig rühren, bis sich der Teig vom Topf zu lösen beginnt.
Noch lauwarm auf bemehlter Arbeitsfläche 4–5 mm dick ausrollen. In rechteckige Lebkuchen von etwa 3 x 6 cm Größe schneiden oder ausrädeln.
Auf mit Backpapier belegten Blechen in ca. 15 Minuten bei 180° C goldgelb backen.
Mit auf dem Wasserbad zerlassener Kuvertüre gleichmäßig bepinseln und mit je 4 Pinienkernen garnieren. Ein Teil des Gebäcks kann auch vor dem Backen mit halbierten Mandeln garniert werden.

Ergibt ca. 70 Stück oder 1,6 kg auf 2 Backblechen.

Weiße Lebkuchen

3 Eier
200 g feiner Zucker
100 g ungeschälte, gemahlene Mandeln
50 g feingehacktes Zitronat
1 Pr. Salz
1 TL Zimt
1/2 TL gemahlene Nelken
1 Msp. gemahlener Kardamom
250 g Mehl

feingehacktes Zitronat zum Garnieren

Die angegebenen Gewürze können auch durch 2 TL fertig gekauftes Lebkuchengewürz ausgetauscht werden.
Mit dem Elektroquirl die Eier mit dem Zucker zu einer weißschaumigen Masse verquirlen. Mandeln, sehr klein gehacktes Zitronat und die Gewürze mit den Knethaken untermischen. Dann das Mehl unter die Masse kneten. Den Teig ungefähr 5–6 mm dick als Rechtecke oder Kreise von 6 cm Ø auf Oblaten oder auf Backpapier streichen. Mit Zitronat garnieren.
Am folgenden Tag bei mäßiger Hitze, also etwa 160° C, 15–20 Minuten trocknen lassen. Statt mit Zitronat zu garnieren, können Sie das Gebäck nach dem Backen mit Guß bepinseln und mit Nonpareille bestreuen.

Ergibt ca. 36 Stück oder 600 g auf 2 Backblechen.

Honigkuchen auf dem Blech

500 g Honig
1/4 l Öl
250 g Zucker
250 g ungeschälte, gemahlene Mandeln.
125 g feingehacktes Zitronat
65 g feingehacktes Orangeat
650 g Mehl Type 1050
1 Pk. Backpulver
3 TL Zimt
1/2 TL gemahlene Nelken
1/2 TL gemahlener Piment
1 Msp. Ingwer
1 Msp. Muskat
feingeriebene Schale von 1 unbehandelten Zitrone
3 Eier

2 EL Sahne und 2 EL Wasser zum Bepinseln

Zum Verzieren:
je 50 g geschälte, halbierte Mandeln, kandierte Kirschen und Zitronat

Wenn der Duft dieses Honigkuchens durch das Haus zieht, wissen alle Familienmitglieder, daß es weihnachtet. Honig mit Öl und Zucker in einem Topf erhitzen und wieder abkühlen lassen. Inzwischen das Mehl mit den restlichen Zutaten vermischen. Die Honigmasse untermengen. Den Teig mit einem Spachtel auf ein mit Backpapier belegtes tiefes Blech streichen. Die Oberfläche mit etwas Wasser besprengen, damit sie sich gut glattstreichen läßt. Dann mit verdünnter Sahne bepinseln.
Beliebige Quadrate oder Rechtecke von 3–4 cm Kantenlänge markieren. Lustig bunt garnieren.
Im Ofen bei 180° C 40–45 Minuten backen. Etwas abkühlen lassen, dann schneiden.

Ergibt ca. 54 Stück oder 2 kg auf 1 Backblech.

Nürnberger Lebkuchen

75 g Butter oder Margarine
200 g feiner Zucker
2 Eigelb
100 g feingehacktes Zitronat
125 g ungeschälte, grobgehackte Mandeln
feingeriebene Schale von 1/2 unbehandelten Zitrone
1 TL Zitronensaft
1 TL Zimt
1 Msp. geriebene Muskatnuß
375 g Mehl
1 Pr. Salz
3 TL Backpulver

Zum Verzieren:
125 g dunkle Kuvertüre
200 g Puderzucker
4 EL weißer Rum
100 g geschälte, halbierte Mandeln

Während der Herbstmonate werden würzige Lebkuchen aus Nürnberg bis in die fernsten Winkel der Erde verschickt. Sie sollten einige Wochen vor dem Fest gebacken werden, damit das Aroma gut durchzieht.
Für den Teig das Fett mit Zucker und Eigelb mit den Schneebesen des Elektroquirls weißschaumig schlagen. Zitronat, Mandeln, Gewürze und das mit Salz und Backpulver gemischte Mehl nach und nach dazugeben. Während früher der Teig auf Oblaten gestrichen wurde, gibt man ihn heute auf Backpapier. Dafür ein entsprechend großes Glas aufsetzen und mit einem Bleistift auf die beschichtete Papierseite Kreise von ca. 7 cm Ø zeichnen.
Im Ofen bei 200° C 15–20 Minuten backen. Noch warm mit im Wasserbad geschmolzener Kuvertüre oder Rumguß und Mandeln verzieren oder die Böden in Kuvertüre tauchen.

Ergibt ca. 26 Stück oder 1,3 kg auf 2–3 Backblechen.

Elisenlebkuchen

75 g Butter oder Margarine
125 g Zucker
2 Eier
100 g gehacktes Zitronat
100 g gehacktes Orangeat
200 g grobgehackte Nüsse
100 g Sultaninen
1 TL Zimt
1 Msp. gemahlene Nelken
1 TL dunkler Kakao
1 Pr. Salz
250 g Mehl Type 1050
2 TL Backpulver

Zum Bepinseln:
100 g Puderzucker
1 Eiweiß
1 EL Arrak

Ein feines Gebäck für die Weihnachtszeit, bei dem der Zucker auch durch dunklen Honig ausgetauscht werden kann.
Das Fett mit Zucker und Eiern mit dem Elektroquirl sehr schaumig rühren. Die übrigen Zutaten vermischen und mit den Knethaken unterarbeiten.
Den Teig ca. 6 mm dick zwischen Folien ausrollen, Plätzchen von 6 cm Ø ausstechen, auf Backpapier legen.

Im Ofen bei 200° C in 20 Minuten nicht zu dunkel backen.
Aus Puderzucker, Eiweiß und Arrak einen aromatischen weißen Guß rühren, die Lebkuchen damit gleichmäßig bepinseln. Natürlich können die Elisenlebkuchen auch mit zerlassener Kuvertüre überzogen werden. Oft werden sie außerdem mit leicht gerösteten, halbierten Mandeln oder Liebesperlen hübsch verziert.

Ergibt ca. 28 Stück oder 1 kg auf 2 Backblechen.

Regensburger Lebkuchen

125 g dunkler Honig
200 g Farinzucker
1/8 l Milch
75 g Butter oder Margarine
500 g Mehl Type 1050
1 Ei
1 Eigelb
1/2 Pk. Lebkuchengewürz
75 g gehacktes Orangeat
75 g gehacktes Zitronat
125 g gehackte Mandeln oder Nüsse
1 Pr. Salz
1 Pk. Hirschhornsalz (5 g)

Mehl zum Ausrollen

2 EL Zucker und 2 EL Wasser zum Bepinseln

1 Bogen Vielliebchen mit Engeln zum Bekleben

Ein uraltes Hausrezept – ideal als traditioneller Christbaumschmuck.
Honig mit Zucker und Milch aufkochen. Das Fett einrühren, alles abkühlen lassen. Inzwischen das Mehl mit den übrigen Zutaten vermischen, die Honigmasse zugeben und alles zu einem schweren Teig verkneten. Den Teig in einen Gefrierbeutel geben und an einem kühlen Platz 2 Wochen ruhen lassen.
Nun nochmals durchkneten. Auf bemehlter Arbeitsfläche ca. 1 cm dick ausrollen. Rechteckige Lebkuchen, etwas größer als die Bildchen, ausschneiden.
Auf mit Backpapier belegten Blechen bei 200° C ca. 20–25 Minuten backen. Noch heiß mit einem Guß, der aus Zucker und Wasser gekocht wurde, bestreichen und sofort die Bildchen mit Zuckerguß aufkleben.
Zum Aufhängen an den Christbaum vorsichtig mit einer dicken, spitzen Nadel ein Loch bohren und ein schmales rotes Seidenbändchen oder eine dünne Goldkordel durchziehen.

Ergibt ca. 65 Stück oder 1,2 kg auf 2–3 Backblechen.

Christbaum-Pfefferkuchen

375 g Honig
150 g Farinzucker
150 g Butter oder Margarine
750 g Mehl Type 1050
3 EL dunkler Kakao
2 TL Zimt
1 TL gemahlener Kardamom
1 TL gemahlene Nelken
1 Pr. Salz
2 EL Rosenwasser
1 EL Pottasche
1 Ei
1 Eigelb

Mehl zum Ausrollen

Für den Guß:
250 g Puderzucker
1 Eiweiß
1 EL Arrak

Silberperlen, Liebesperlen, Speisefarbe und Regenbogenzucker zum Verzieren

Mit diesem Teig und etwas Fantasie und Geduld können Sie für wenig Geld vielen lieben Freunden eine Freude zu Weihnachten bereiten. Darum haben wir die Teigmenge reichlich bemessen.

Honig, Zucker und Fett in einem Topf schmelzen, dann abkühlen lassen. Das Mehl mit den Gewürzen mischen. Dann alle Zutaten zu einem Teig verkneten. In Alufolie einpacken. Mindestens 24 Stunden, besser eine Woche an kühler Stelle durchziehen lassen.

Den Teig gut durchkneten. Portionsweise 5 mm dick ausrollen. Kekse ausstechen. Mit einem Fingerhut Löcher für Bändchen ausstechen.

Auf Backpapier im Ofen bei 200° C 12 Minuten backen.

Den Eiweißguß in einen Tiefkühlbeutel füllen, eine Spitze abschneiden. Wer will, kann ihn auch vorher bunt färben. Das Gebäck damit verzieren. Alles lustig mit Silberkügelchen, Liebesperlen und Regenbogenzucker dekorieren. Rote Bändchen einziehen.

Ergibt ca. 100 Stück oder knapp 2 kg auf 7 Backblechen.

Knusperhäuschen

500 g Honig oder Sirup
250 g Farinzucker
250 g Butter oder Margarine
1 kg Mehl
10 g Pottasche
50 g dunkler Kakao
1 Pk. Pfefferkuchengewürz
2 Eier
2 Pr. Salz

Mehl zum Ausrollen

750 g Puderzucker und 3 Eiweiß für den Guß

Zum Garnieren:
rote Blattgelatine, Fondant, Bonbons, Schokoladenplätzchen, Smarties und Watte

Ein Wunschtraum für kleine und große Kinder!
Honig oder Sirup, Zucker und Fett im Topf schmelzen und wieder abkühlen lassen. Das Mehl mit den restlichen Zutaten mischen und die Honigmasse unterkneten. Den Teig in Folie einpacken und möglichst über Nacht kühlen. Portionsweise auf bemehlter Arbeitsfläche 4 mm dick ausrollen.
Mit Hilfe einer zuvor angefertigten Pappschablone zunächst auf dem ersten Drittel des Teiges zwei Stücke für das Dach, zwei Stücke für die Seitenwände und je eine Giebelfront- und -rückwand ausschneiden. Fenster und Türen ausschneiden, die Teigteile zum späteren Ankleben auf einem separaten Blech aufheben.
Aus dem zweiten Drittel zwei ganze und zwei halbierte Tannenbäume unterschiedlicher Höhe ausschneiden. Außerdem nach Belieben Teile für eine Hundehütte, einen Brunnen, den Zaun, Tisch, Hocker, Wegweiser, Kater und Schornstein schneiden.
Den restlichen Teig zu einer unregelmäßig geformten Bodenplatte in Blechgröße ausrollen.
Alles auf Backpapier bei 180° C ca. 12–15 Minuten backen.
Noch heiß alle Teile mit verdünntem Zuckerguß dünn bepinseln. Nach dem Auskühlen zunächst die Außenwände mit Fensterläden und Zuckerzeug verzieren. Fensterscheiben aus roter Blattgelatine von hinten her ankleben. Dann die Hauswände mit sehr dickem Eiweißguß auf der Bodenplatte plazieren. Erst wenn sie gut getrocknet sind, die dekorierten Dachhälften mit Hilfe von dickem Zuckerguß aufkleben. Etwa 5 Minuten festhalten, bis der Zucker bindet.
Schließlich die Tannen, die Hundehütte, Tisch und Stühle, den Wegweiser, einen Schlitten, Zäune und Wegpfosten auf die Bodenplatte kleben. Eiszapfen aus dickem Guß an die Dachränder und die Tannenspitzen kleben. Etwas Watte als Rauch in den Schornstein stecken. Die süße Pracht dünn mit Puderzucker bestäuben.

Ergibt 1 Knusperhaus von gut 3 kg auf 3–4 Backblechen.

Süßes für Diabetiker und Zuckerfeinde

Ärzte in Krankenhäusern und Praxen wissen aus Erfahrung, daß die Weihnachtszeit nicht nur eine Zeit liebevoller Zuwendung ist, sondern daß es viele Menschen gibt, die dann ihre Einsamkeit mehr als sonst empfinden. Für Dicke und Diabetiker eine gefährliche Situation, denn die mangelnde Liebe wird nur zu oft durch den Griff in die Plätzchendose auszugleichen versucht. Die kleinen Sünden müssen teuer mit späteren Schäden bezahlt werden.

Honig, Sirup, Zucker, Marzipan, Sultaninen, Zitronat, Orangeat, Datteln und Feigen bleiben allemal tabu. Der darin enthaltene Zucker wird viel zu schnell abgebaut.

Unsere Rezepte resultieren aus der Erkenntnis, daß Zucker durch Süßstoff oder Fruchtzucker ausgetauscht werden kann. Ein Teelöffel flüssiger Süßstoff ersetzt 50 g Zucker. Allerdings kann der normale Zuckergehalt nicht willkürlich ausgetauscht werden, da dann die Konsistenz der Teige auch verändert wird. Ein genaues Einhalten der Backanweisungen ist daher unabdinglich.

Dazu empfehlen wir die Verwendung von Vollkornmehlen oder solchen mit Ausmahlungsgrad 1050. Sie werden wesentlich langsamer resorbiert und vermeiden so krasse Kohlenhydratschübe.

Wichtig ist auch, daß zum Ausrollen die Mehlmenge ganz gering gehalten wird. Zwischen zwei Lagen Backpapier oder Plastikfolie ist sie minimal. Außerdem gilt, immer nur eine kleine Teigmenge, die leicht zu behandeln sind, auszurollen. Denken Sie auch daran, daß gekühlte Teige viel besser auszurollen sind.

Auf das Einfetten von Backblechen verzichten wir auf alle Fälle, das wären wieder zusätzliche Kalorien. Mit Backpapier ist das auch kein Problem.

Wichtig ist, daß Sie sich genau an unsere Rezepte halten. Nur so können wir für den Erfolg garantieren. Und nur so lassen sich die Broteinheiten genau berechnen. Und auf diese Berechnung kann auch die besten Diabetiker-Bäcker nicht verzichten.

Wie wir gesehen haben, sind die Plätzchen dieses Kapitels nicht nur bei Diabetikern beliebt. Wer aus Gründen des Geschmacks oder aus Furcht vor Übergewicht oder aus irgendwelchen anderen Gründen sehr Süßes ablehnt, wird an diesem »Diätgebäck« große Freude haben.

Schwarz-Weiß-Spritzgebäck

120 g Butter oder Diätmargarine
140 g Diabetikersüße
1 Pr. Salz
2 Eier
250 g Mehl
1/2 TL Backpulver
Mark von 1/2 Vanilleschote
1 EL dunkler Kakao
einige Tropfen flüssiger Süßstoff

Mehl zum Ausrollen

Hübsch anzusehen, dazu eine willkommene geschmackliche Abwechslung!
In einer Schüssel das zimmerwarme Fett mit Zucker, Salz und den Eiern zu einer schaumigen Masse verrühren. Das mit Backpulver gemischte Mehl dazugeben. Dann einen Teil des Teiges mit Kakao dunkel färben und mit einigen Tropfen Süßstoff nachsüßen. Beide Teige abwechselnd, also jeweils einige Eßlöffel hellen und dunklen Teig, in einen Spritzbeutel mit sehr großer Sterntülle geben. Auf ein mit Backpapier belegtes Backblech Kringel von 7 cm Ø spritzen. Sie können dafür zuerst das Papier leicht mit Mehl bepudern und die Kringel dann mit einem Glas markieren. Oder Sie malen die Kringel mit Bleistift auf das Papier.
Bei 200° C in 15 Minuten nicht zu dunkel backen.

Ergibt 54 Stück oder ca. 500 g auf 3 Backblechen.
1 BE = 2 Stück oder 15 g.

Anisplätzchen

75 g Butter oder Diätmargarine
1 1/2 TL flüssiger Süßstoff
1 EL Fruchtzucker
2 Eigelb
150 g Mehl
1/2 TL Backpulver
1 Pr. Salz
1 leicht gehäufter TL Anis

Das Fett mit dem Süßstoff, Zucker und den Eigelb schaumig rühren. Danach das mit Backpulver gesiebte Mehl, Salz und die leicht zerquetschten Anissamen zugeben. Ein Backblech mit Backpapier belegen. Mit Hilfe eines Teelöffels Häufchen von dem Teig aufsetzen. Eventuell in der hohlen Hand zu Kugeln formen.
Bei 180° C in 12 bis 15 Minuten nicht zu dunkel backen.
Dieses Rezept ist eine vorzügliche Eigelbverwertung. Sie können anstelle von 2 Eigelb aber auch 1 ganzes Ei nehmen. Das Rezept kann auch mit Vanillearoma abgewandelt werden.

Ergibt ca. 30 Stück oder 240 g auf 1 Backblech.
1 BE = 3 Stück oder 21 g.

Kokosmakronen

3 Eiweiß
1 Pr. Salz
40 g Diabetikersüße
40 g Fruchtzucker
1 1/2 EL Zitronensaft
150–180 g Kokosflocken

Die Eiweiß mit Salz zu steifem Schnee schlagen. Diabetikersüße und Fruchtzucker sowie Zitronensaft zufügen und die Masse noch eine Minute schlagen. Dann die Schneebesen aus der Masse heben und die Kokosflocken mit einem Eßlöffel vorsichtig unterziehen.
Mit 2 Teelöffeln 30 kleine Häufchen auf ein mit Backpapier ausgelegtes Backblech geben.
Den Backofen auf 180° C vorheizen. Die Makronen 15–20 Minuten darin trocknen lassen. Sie sollten innen etwas feucht bleiben.

Ergibt ca. 30 Stück oder 250 g auf 1 Backblech.
1 BE = 2 Stück oder 16 g.

Nußmakronen

2 Eiweiß
1 Pr. Salz
180 g gemahlene Haselnüsse
1/2 TL Backpulver
3 TL flüssiger Süßstoff
etwas feingeriebene, unbehandelte Zitronenschale
25 g Haselnüsse

Dieses Gebäck gewinnt an Geschmack, wenn Sie zunächst die Haselnüsse vor dem Mahlen bei milder Hitze im Backofen rösten, bis sich die braunen Häutchen lösen.
Das Eiweiß mit Salz steifschlagen. Die Nüsse, das Backpulver und den Süßstoff sowie die Zitronenschale untermengen. Den Teig zugedeckt 30 Minuten kühlen.
Zu 17 kleinen Kugeln formen, jeweils eine ganze, ungeröstete Nuß in die Mitte drücken.
Die Plätzchen auf einem mit Backpapier belegten Blech im Ofen bei 200° C 5 bis 8 Minuten backen.

Ergibt ca. 17 Stück oder 225 g auf 1 Backblech.
1 BE = 7 Stück oder 92 g.

Linzer Gebäck

100 g Butter oder Diätmargarine
1 TL flüssiger Süßstoff
1 EL Fruchtzucker
1 Ei
30 g gemahlene Haselnüsse
200 g Mehl
50 g Speisestärke
1/2 TL Backpulver
1/2 TL Zimt
1 Pr. Salz
Mark von 1/4 Vanilleschote

Mehl zum Ausrollen

50 g Diabetiker-Johannisbeergelee, 1 EL Diabetikersüße zum Verzieren

Fett mit Süßstoff, Zucker, Ei und Haselnüssen gut verrühren. Mehl, Stärke, Backpulver und Gewürze dazugeben. Zu einem Teig kneten, 20 bis 30 Minuten kühlen.
Auf bemehlter Arbeitsfläche 3 mm dick ausrollen. 5 cm große Plätzchen ausstechen. Aus jedem zweiten mit einem Ausstecher (1,5 cm Ø) ein Loch ausstechen.
Die Plätzchen auf mit Backpapier belegte Backbleche legen und bei 200° C in 12 bis 15 Minuten goldbraun backen. Auf einem Gitter auskühlen lassen.
Die runden Plätzchen dünn mit Johannisbeergelee bestreichen. Die Ringe dünn mit Diabetikersüße bestäuben. Jeweils einen Ring auf das runde Plätzchen setzen.

Ergibt ca. 20 Stück oder 400 g auf 2 Backblechen.
1 BE = 1 Stück oder 20 g.

Mailänder Teegebäck

200 g Mehl
1 TL Backpulver
40 g Speisestärke
1 Ei
1 Pr. Salz
90 g Butter oder Diätmargarine
1 TL flüssiger Süßstoff
1 EL Fruchtzucker
1/2 TL Zitronenaromat oder Mark von 1/2 Vanilleschote

Mehl zum Ausrollen

Milch zum Bepinseln
30 g geschälte, gehackte Mandeln zum Bestreuen

Als Butterplätzchen sind sie nicht minder bekannt.
Das mit Stärke und Backpulver gemischte Mehl auf die Arbeitsfläche häufen. In eine Mulde das Ei, Salz, Fett in Flöckchen, Süßstoff, Zucker und Zitronenaromat oder Vanillemark geben. Alle Zutaten mit einem langen Messer kleinhacken. Dann mit kühlen Händen rasch zu einem glatten Teig verkneten.
Auf bemehlter Unterlage 3 mm dick ausrollen. Runde oder sechseckige Plätzchen ausstechen. Diese auf ein mit Backpapier belegtes Blech legen. Gleichmäßig mit Milch bepinseln und mit Mandeln bestreuen.
Im Ofen auf der obersten Schiene bei 200° C in 12 Minuten goldgelb backen.

Ergibt ca. 30 Stück oder 380 g auf 1 Backblech.
1 BE = 2 Stück oder 25 g.

Haferflockenplätzchen

125 g Butter oder Diätmargarine
150 g Fruchtzucker
1 Ei
1 Pr. Salz
80 g geschälte, gemahlene Mandeln
100 g feine Haferflocken
80 g Mehl
1 TL Backpulver

50 g bittere Diabetikerschokolade zum Verzieren

Für den Rührteig zunächst das Fett mit Zucker und Ei sehr schaumig rühren. Dann das Salz, Mandeln, Haferflocken und mit Backpulver gemischtes Mehl darunterkneten. Den Teig zu zwei daumendicken Rollen formen, gleichmäßige Stücke abschneiden, diese zu Kugeln formen. Auf ein mit Backpapier belegtes Backblech legen.
Im Backofen bei 200° C 15 Minuten backen. Auf einem Gitter erkalten lassen. Die Schokolade bei milder Hitze auf dem Wasserbad schmelzen lassen. Mit Hilfe einer Gabel die Schokolade in ungleichmäßigen Streifen auf die Plätzchen verteilen.

Ergibt ca. 44 Stück oder 560 g auf 2 Backblechen.
1 BE = 2 Stück oder 30 g.

Mandelringe

100 g Mehl
25 g Speisestärke
100 g Butter oder Diätmargarine
3 hartgekochte Eigelb
1 1/2 TL flüssiger Süßstoff
1 EL Fruchtzucker
1 Pr. Salz
Mark von 1/4 Vanilleschote
40 g geschälte, gemahlene Mandeln

2 EL Milch zum Garnieren

Mehl zum Ausrollen

Für den Teig das Mehl mit Stärke mischen, auf die Arbeitsfläche häufen. Das kalte Fett in Flöckchen, die durch ein Sieb gedrückten Eigelb, Süßstoff, Fruchtzucker, Salz, Vanillemark und Mandeln auf den Mehlberg geben. Alle Zutaten rasch mit einem langen Messer verhacken, dann zu einem glatten Teig verkneten. Den Teig kühlen.
Auf leicht bemehlter Unterlage 3 bis 4 mm dick ausrollen. Kränzchen ausstechen. Auf ein mit Backpapier belegtes Backblech legen.
Mit Milch bepinseln und im Ofen bei 200° C in 12 bis 15 Minuten goldbraun backen.

Ergibt ca. 34 Stück oder 270 g auf 1 Backblech.
1 BE = 1 Stück oder 8 g.

Schokoladenkekse

200 g Mehl
1 TL Backpulver
1 Ei
1 EL Fruchtzucker
1 1/2 TL flüssiger Süßstoff
50 g Butter oder Diätmargarine
3 Tropfen Rumaroma
1 Pr. Salz
1 EL dunkler Kakao

Mehl zum Ausrollen

1 Eigelb und 2 EL Milch zum Bepinseln

25 g Mandelblättchen zum Bestreuen

Das mit Backpulver vermischte Mehl auf die Arbeitsfläche häufen. Ei, Zucker, Süßstoff, kalte Fettflöckchen, Rumaroma, Salz und Kakao dazugeben. Rasch mit einem langen Messer verhacken, anschließend zu einem glatten Teig verkneten. 20 Minuten kühlen.
Dann auf einer leicht mit Mehl bestäubten Unterlage 3 mm dick ausrollen. 5 cm große Kekse ausstechen. Auf mit Backpapier belegte Backbleche legen. Mit einer Mischung aus Eigelb und Milch sorgfältig bepinseln. Mit Mandelblättchen bestreuen.
Im Ofen bei 200° C 10 bis 12 Minuten backen.

Ergibt ca. 40 Stück oder 290 g auf 2 Backblechen.
1 BE = 2,5 Stück oder 18 g.

Haselnußtaler

100 g Butter oder Diätmargarine
1 Ei
2 EL Fruchtzucker
1 TL flüssiger Süßstoff
1 Pr. Salz
Mark von 1/4 Vanilleschote
50 g Mehl
50 g Mehl Type 1050
100 g gemahlene Haselnüsse

Das Fett mit Ei, Fruchtzucker, Süßstoff, Salz, Vanilleschote, Mehl und Haselnüssen in eine Schüssel geben. Dann alle Zutaten mit dem Knethaken des Elektroquirls zum glatten Teig vermischen. Eine 3 bis 4 cm dicke Rolle formen. Diese in Pergamentpapier eingeschlagen 15 Minuten kühlen.
In 20 Stücke schneiden. Teigstücke in den hohlen Händen zu Kugeln formen und etwas flachdrücken. Auf ein mit Backpapier belegtes Backblech legen.
Im Ofen bei 200° C in 15 Minuten goldbraun backen.

Ergibt ca. 20 Stück oder 340 g auf 1 Backblech.
1 BE = 2 Stück oder 34 g.

Mandelplätzchen

60 g Butter oder Diätmargarine
2 Eigelb
1 TL Zitronensaft
1 1/2 TL flüssiger Süßstoff
40 g ungeschälte, gemahlene Mandeln
100 g Mehl
1 Pr. Salz
1/2 TL Backpulver

10 geschälte Mandeln und etwas Eiweiß zum Garnieren

Das Fett mit Eigelb, Zitronensaft und Süßstoff gut schaumig rühren. Die Mandeln und das mit Salz und Backpulver gemischte Mehl nach und nach daruntergeben. Eine Rolle von etwa 4 cm Durchmesser formen. In Pergamentpapier einwickeln und über Nacht in den Kühlschrank legen. Am folgenden Tag herausnehmen.
Nach 30 Minuten in 30 Scheiben schneiden. Auf ein mit Backpapier ausgelegtes Backblech legen. Die Mandeln stifteln. Mit Eiweiß befeuchten und auf die Mitte der Plätzchen legen.
Im Ofen bei 200° C in 15 Minuten hell backen.

Ergibt ca. 30 Stück oder 360 g auf 1 Backblech.
1 BE = 4 Stück oder 50 g.

Non-Plus-Ultra

180 g Butter oder Diätmargarine
2 EL Sahne
1 Ei
1 Msp. Salz
15 Hefe oder 1 Pk. Trockenhefe
125 g Mehl
125 Mehl Type 1050

Mehl zum Ausrollen

2 EL Milch zum Bepinseln

40 g Fruchtzucker zum Bestreuen

Zunächst die zimmerwarme Butter oder Margarine mit Sahne, Salz, Ei und Hefe verrühren. Dann das Mehl darunterkneten. Auf leicht bemehlter Unterlage den Teig 3 bis 4 mm dick ausrollen. Beliebige Plätzchen ausstechen. Mit Milch bepinseln und dünn mit Zucker bestreuen.
Auf ein mit Backpapier belegtes Backblech legen und noch ca. 5 Minuten gehen lassen.
Im Ofen bei 200° C in 12 bis 15 Minuten nicht zu dunkel backen.

Ergibt ca. 58 Stück oder 520 g auf 2 Backblechen.
1 BE = 3 1/2 Stück oder 35 g.

Vanillemonde

100 g Butter oder Diätmargarine
4 EL saure Sahne
1 Pr. Salz
1 TL flüssiger Süßstoff
1 EL Fruchtzucker
200 g Mehl
1 TL Backpulver
1 Pk. Vanillepuddingpulver
Mark von 1/4 Vanilleschote

Mehl zum Ausrollen

1/2 Ei und 2 EL Wasser zum Bepinseln

Für dieses zarte Gebäck das Fett mit der sauren Sahne, Salz, dem Süßstoff und Zucker gut schaumig schlagen. Dann das mit Backpulver gemischte Mehl, das Vanillepuddingpulver und die Gewürze zugeben. Zu einem weichen Teig kneten, kühl stellen.
Auf leicht bemehlter Unterlage 3 bis 4 mm dick ausrollen. Mit Hilfe eines Glases oder Ausstechers Halbmonde ausstechen. Auf mit Backpapier ausgelegte Backbleche geben. Mit Ei, das mit Wasser gut verquirlt wurde, schön bepinseln.
Auf der obersten Schiene im vorgeheizten Backofen bei 200° C in 12–15 Minuten goldbraun backen.

Ergibt ca. 80 Stück oder 400 g auf 2 Backblechen.
1 BE = 5 Stück oder 25 g.

Gewürzplätzchen

1 Ei
120 g Diabetikersüße
1/8 l Sahne
50 g gemahlene Haselnüsse
200 g Mehl Type 1050
1 EL Lebkuchengewürz oder Spekulatiusgewürz
1 EL Zimt
1 Pr. Salz

Zunächst das Ei mit Zucker und Sahne schaumig rühren. Dann die Haselnüsse und das mit den Gewürzen gesiebte Mehl dazugeben. Den Teig 30 Minuten kühlen.
Auf das Backblech Backpapier legen, darauf den Teig geben und darauf wiederum ein zweites Stück Backpapier. Nun den Teig in Größe des Backbleches ausrollen. Zum Schluß das Deckpapier abziehen.
Im Ofen bei 175° C 35–40 Minuten backen. Nach dem Backen längs in fünf Streifen, dann quer in neun Streifen schneiden.

Ergibt ca. 40 Stück oder 500 g auf 2 Backblechen.
1 BE = 1 1/2 Stück oder 20 g.

Zimtsterne

125 g Haferflocken
125 g Butter oder Diätmargarine
1/2 Ei
1 Pr. Salz
90 g Diabetikersüße
100 g Mehl
50 g Mandeln
3/4 TL Zimt
1 Msp. Zitronenaroma

50 g der Haferflocken unter stetigem Rühren bei milder Hitze in einer trockenen Pfanne leicht anrösten. Abkühlen lassen.
Das zimmerwarme Fett mit dem Elektroquirls mit Ei, Salz und Diabetikersüße schaumig rühren. Die Haferflocken, Mehl, geriebene Mandeln, Zimt und Zitronenaroma zugeben. Die Masse zugedeckt mindestens 30 Minuten kühlen.
Zwischen 2 Stück Backpapier etwa 1/2 cm dick ausrollen. 6 cm große Sterne ausstechen. Auf mit Backpapier belegte Backbleche legen.
Im Ofen 10 Minuten auf der obersten Schiene bei 200° C backen.

Ergibt ca. 75 Stück oder 480 g auf 3 Backblechen.
1 BE = 5 Stück oder 52 g.

Pikantes zur Suppe, zu Bier oder Wein

Fischlis, Chips und Salzstangen sagen wir fröhlich ade. Eigentlich wollen sie niemanden mehr so recht schmecken, überdies sind sie meistens sehr salzig. Unsere Vorschläge erfordern keine große Geschicklichkeit. Mit tiefgekühltem Blätterteig sind die ersten auch im Nu fertig.

Für die Käsespiralen und die Käseschnecken sollte der Blätterteig zwar aufgetaut, aber nicht zu weich sein. Für dieses Gebäck sind junge, weiche Käse nicht geeignet. Feingeriebener Parmesan, Emmentaler, Sbrinz oder ein alter Edamer sind die besten Käsesorten für würziges Käsegebäck.

Aber sie müssen trocken und sehr fein gerieben werden. Das können Sie eventuell portionsweise im Mixer erledigen.

Unsere belgischen Käse- und Salzbällchen sind nicht teuer und sie sind so beliebt, daß bestimmt nie etwas übrig bleibt.

Es ist praktischer, die ganze Teigplatte vor dem Schneiden mit verquirltem Ei zu bepinseln als nachher. Neben dem Vorteil, daß es schnell geht, verkleben die Teigränder nicht und der Teig geht gleichmäßig auf.

Zum gleichmäßigen Schneiden von Spiralen, Kümmel-, Salz-, Sesam- oder Mohnstangen nimmt man am besten ein Lineal. Blätterteig darf nur mit scharfem Messer geschnitten werden. Ein Teigrädchen würde die Ränder verkleben.

Blätterteiggebäck sollte, wenn es nicht kurz nach dem Backen serviert wird, im Ofen nachgetrocknet werden, damit es nicht weich wird. Unter Umständen kurz vor dem Verzehr nochmals aufbacken. Für längere Zeit lohnt es, das Gebäck einzufrieren.
Die Mini-Käsewindbeutel werden gefüllt, ohne sie vorher aufzuschneiden. Allerdings braucht man dazu eine Spezialtülle. Selbst eine große Menge ist so im Nu gefüllt. Reste können im Tiefkühlgerät aufbewahrt werden.

Kümmel-, Sesam- oder Mohnbrötchen

1 Pk. Tiefkühlblätterteig (300 g)

Mehl zum Ausrollen

1 Ei und 2 EL Sahne zum Bepinseln

halbierte, geschälte Mandeln, Kümmel, Paprika, Sesam oder Mohn zum Bestreuen

Den geringsten Teigabfall haben Sie zwar, wenn Sie den Teig in 4 cm große Quadrate schneiden, doch sehen runde Plätzchen hübscher aus. Natürlich können Sie auch einen Teil mit geschälten Sonnenblumenkernen garnieren.
Den Teig auf gemehlter Unterlage auftauen lassen. Mit verquirltem Ei bepinseln. Mit Mandelhälften, Kümmel, Sesamsaat oder Mohn garnieren. Wie Käsespiralen abbacken.

Ergibt ca. 40 Stück oder 350 g auf 3 Backblechen.

Ananas-Käsehörnchen

1 Pk. Tiefkühlblätterteig (300 g)

Mehl zum Ausrollen

Für die Füllung:
100 g roher Schinken
100 g Emmentaler Käse
2 Ananasscheiben

1 Eigelb und 2 EL Sahne zum Bestreichen

Diese aparten Hörnchen sollten unbedingt gleich nach dem Backen lauwarm verzehrt werden. Sie sind auch gut zum Tiefkühlen geeignet.
Den aufgetauten Blätterteig in 6 cm große Quadrate schneiden.
Für die Füllung alle Zutaten sehr fein hacken und mischen. Je 1 TL Füllung auf die Mitte der Quadrate geben. Die Ränder mit Ei bepinseln. Das Gebäck zu Dreiecken zusammenlegen, etwas in Hörnchenform biegen und auf Backpapier legen. Die Oberfläche ebenfalls mit verquirltem Ei bepinseln. Wie Käsespiralen backen.

Ergibt ca. 30 Stück oder 700 g auf 2 Backblechen.

Käsespiralen

1 Pk. Tiefkühlblätterteig (300 g)

Für die Füllung:
100 g feingeriebener Käse (alter Edamer oder Sbrinz)
1 Ei
2–3 EL Sahne

Mehl zum Ausrollen

Lauwarm, also eben aus dem Ofen, schmecken diese sehr dekorativen Käsestangen am allerbesten. Eventuell kurz vor dem Verzehr aufbacken.
Den Blätterteig auf leicht bemehlter Arbeitsfläche auftauchen lassen. Den Käse mit Ei und etwas Sahne zu einer gerade streichfähigen Paste vermengen. Mit einem Spachtel auf die Teigplatte streichen. Diese doppelt zusammenschlagen. Möglichst für 10 Minuten ins Gefrierfach legen. Mit einem scharfen Messer in 2 cm breite Streifen schneiden. Auf Backpapier legen.
Bei 220° C in gut 10 Minuten hell backen. Für eine längere Vorratshaltung unter Umständen noch weitere 10 Minuten bei 100° C nachtrocknen.

Ergibt ca. 30 Stück oder 400 g auf 3 Backblechen.

Käseschnecken

1 Pk. Tiefkühlblätterteig (300 g)

Für die Füllung:
1 Eigelb
75 g feingeriebener Käse (Greyerzer, Sbrinz oder alter Edamer)

Mehl zum Ausrollen

Nach dem gleichen Rezept können Sie auch kleine Käseprussiens oder Käseschweinsöhrchen backen, in diesem Fall muß der Teig nur von zwei Seiten zugleich zur Mitte hin aufgerollt werden.
Den Blätterteig auf bemehlter Unterlage auftauen lassen. Mit Eigelb dick bepinseln und mit Reibekäse bestreuen. Den Käse leicht mit dem Rollholz andrücken. Den Teig sehr locker zu einer Rolle zusammenrollen. Eingepackt etwa 20 Minuten ins Gefrierfach legen, zwischendurch einmal wenden. Mit einem scharfen Messer in 3–4 mm dicke Scheiben schneiden. Wie die Käsespiralen backen.

Ergibt ca. 45 Stück oder 400 g auf 2 Backblechen.

Sardellentäschchen

1 Pk. Tiefkühlblätterteig (300 g)

2 Döschen Sardellen (netto 30 g)

1 Ei und 2 EL Sahne zum Bepinseln

Mehl zum Ausrollen

Den Blätterteig auf bemehlter Arbeitsfläche auftauen lassen. Die Teigplatte zur Hälfte in 6 cm breite Streifen markieren. Auf die Mitte der Streifen längs die abgetropften Sardellen legen. Die Ränder dünn mit Ei, mit Sahne verquirlt, bestreichen. Die zweite Teighälfte darüber klappen, etwas andrücken.
Nun zunächst 6 cm breite Streifen schneiden. Diese nochmals quer in 3 cm breite Stücke teilen. Wie die Käsespiralen backen.

Ergibt ca. 40 Stück oder 350 g auf 2 Backblechen.

Edelpilztäschchen

1 Pk. Tiefkühlblätterteig (300 g)

Mehl zum Ausrollen

100 g Edelpilzkäse (Roquefort, Danish blue o. ä.)

1 Ei und 2 EL Sahne zum Bepinseln

Diese leckeren Teigtäschchen sollten auf jeden Fall frisch verzehrt werden. Wenn sie länger liegen, werden sie weich.
Den Blätterteig auf bemehlter Unterlage auftauen lasen. In 5 x 5 cm große Quadrate schneiden. In die Mitte eines jeden etwas vom Käse krümeln. Die Ränder mit Eigelb bepinseln. Diagonal zusammenschlagen. Die Oberfläche ebenfalls bepinseln. Dann wie Käsespiralen backen.

Ergibt ca. 40 Stück oder 350 g auf 2 Backblechen.

Sonnenblumenkrustis

200 g Vollkornmehl
125 g Butter oder Margarine
1/10 l saure Sahne (100 g)
1/2 gestr. TL Meersalz

Mehl zum Ausrollen

75 g geschälte Sonnenblumenkerne zum Bestreuen

Durch das Vollkornmehl bekommt dieses Gebäck einen guten, nußartigen Geschmack, der durch die Sonnenblumenkerne noch verstärkt wird.
Das Mehl auf ein Backbrett häufen. Die Fettflöckchen darauf verteilen. In eine Mulde die Sahne und das Salz geben. Alle Zutaten rasch verhacken und zu einem Teig verkneten. Evtl. etwas Wasser zufügen.
3–4 m dick auf bemehlter Unterlage ausrollen. Mit verquirltem Ei bepinseln. Dann Blüten so ausstechen, daß möglichst wenig Teigabfälle entstehen. Sonnenblumenkerne auf die Mitte geben und etwas andrücken. In etwa 10 Minuten bei 200° C hell backen.

Ergibt ca. 50 Stück oder 450 g auf 2–3 Backblechen.

Belgische Salzbällchen

200 g Mehl
150 g Butter oder Margarine
1 gestr. EL Salz

Mehl zum Ausformen

Ein köstliches Salzgebäck, gleichermaßen gut zu Bier, Sherry oder Wein.
Das Mehl mit dem Fett und dem genau abgemessenen Salz rasch zu einem glatten Teig verkneten. Zu daumendicken Rollen formen. 30 Minuten kühlen. Daumenbreite Stücke abschneiden. Kugeln formen. Nach Belieben etwas flach drücken. Nicht zu dicht auf ein mit Backpapier belegtes Backblech legen. Bei 200° C goldgelb backen.
Die flachgedrückten Salzbällchen können nach dem Backen mit einer Käsecreme aus gleichen Teilen fein geriebenen Käse und Butter bespritzt und mit Paprikapulver, gerösteten Mandelhälften oder Oliven garniert werden.

Ergibt ca. 60 Stück oder 350 g auf 1 Backblech.

Belgische Käsebällchen

200 g Mehl
1 TL Backpulver
150 g Butter oder Margarine
1 gestr. TL Salz
75 g feingeriebener Käse (alter Edamer oder Sbrinz)
1/10 l Wasser (6 EL)

Mehl zum Ausformen

Die Herstellung entspricht der der Salzbällchen. Achtung, das Gebäck darf nur sehr hell gebacken werden, weil der Käse sonst bitter wird.
Will man die Salz- oder Käsebällchen länger aufheben, sollten sie nach dem Backen noch weitere 20 Minuten bei 100° C getrocknet werden. Sonst werden sie weich.

Ergibt ca. 60 Stück oder 400 g auf 1 Backblech.

Mini-Käsewindbeutel

1/10 l Wasser
50 g Butter oder Margarine
1 Pr. Salz
60 g Mehl
2 Eier (50–55 g)
1 TL Backpulver

Für die Füllung:
125 g Butter
80 g Parmesan
einige Tropfen Worcestersoße

Ganz frisch schmecken diese kleinen Windbeutelchen zwar am besten, doch können sie auch tiefgekühlt werden. Dann allerdings sollten sie vor dem Verzehr nochmals 2–3 Minuten in den Backofen geschoben werden.
Für den Brandteig das Wasser mit dem Fett und Salz in einem kleinen Stieltopf zum Kochen bringen. Sowie das Wasser kocht, das gesiebte Mehl hineinrühren. Wenn sich ein Kloß bildet, den Topf von der Kochstelle ziehen. Ein Ei hineinschlagen, gut verrühren. Den Teig während des Erkaltens ab und zu umrühren. Dann das zweite Ei und das Backpulver unterrühren.
Den Teig in einen Spritzbeutel füllen. Auf Backpapier ganz kleine Häufchen spritzen, dabei genügend Abstand einhalten. Besonders wichtig, den Backofen frühzeitig auf 200° C vorzuheizen. 12 Minuten backen.
Nach dem Abkühlen mit einer dünnen, glatten Spitze mit Hilfe des Spritzbeutels die Käsecreme einspritzen.

Ergibt ca. 100 Stück oder 600 g auf 2 Backblechen.

Gourgères

1/4 l Milch
1 1/2 gestr. TL Salz
weißer Pfeffer aus der Mühle
65 g Butter oder Margarine
125 g Mehl
3–4 Eier (45–50 g)
125 g geriebener Käse (alter Gouda oder Sbrinz)
1 EL Sahne

Eigentlich ist es kein Risiko, wenn Sie gleich die doppelte Menge backen, denn diese warm servierten Käsewindbeutel aus Frankreich sind so vorzüglich, daß bei mir noch nie welche übrigblieben.
Die Milch mit Gewürzen und Fett im Stieltopf zum Kochen bringen. Sowie das Wasser kocht, das gesiebte Mehl auf einmal in den Topf schütten. Heftig rühren, bis sich ein Kloß bildet. 1 Ei unter den heißen Kloß rühren. Während des Abkühlens gelegentlich umrühren.
Dann die restlichen Eier, Käse und Sahne unterrühren. Der Teig sollte recht salzig sein.
Entweder mit zwei Teelöffeln oder mit dem Spritzbeutel walnußgroße Häufchen auf ein mit Backpapier belegtes Blech setzen. Der Ofen muß unbedingt auf 200° C vorgeheizt werden und darf während der ersten 15 Minuten keinesfalls geöffnet werden.
Insgesamt 20–22 Minuten backen.

Ergibt ca. 70 Stück oder 60 g auf 2–3 Backblechen.

Verzeichnis der Rezepte

Erläuterung der verwendeten Ziffern und Symbole

Teilmenge teilbar: Hier wird angegeben, ob und wie die Zutatenmenge für den Kleinhaushalt teilbar ist.

Teig zum Tiefgefrieren geeignet: Hier wird angegeben, ob der rohe Teig maximal bis zu drei Monaten tiefgefroren werden kann. Tiefgekühlter Teig sollte wegen des hohen Fettgehalts keinesfalls länger eingefroren werden.

Gebäck zum Tiefgefrieren geeignet: Hier wird angegeben, ob das fertige Gebäck tiefgekühlt werden kann. Eventuell muß es nach dem Auftauen fertig garniert werden. Tiefgekühltes und dann wieder aufgetautes Kleingebäck schmeckt beinahe wie frisch aus dem Ofen.

Preisklasse: Hier erfolgen Angaben für die Preisklasse der Plätzchen, jeweils auf 1 kg fertiges Gebäck bezogen.

Zugrunde gelegt wurden die Durchschnittspreise von fünf Supermärkten.

Ø bedeutet relativ preiswert,

ØØ bedeutet mittlere Preisklasse,

ØØØ bedeutet hohe Preisklasse.

Durch die Verwendung von echter Vanillestange, Walnüssen, Pistazien, Pinien oder kandierten Kirschen, Zutaten, die oft für die Garnitur gebraucht werden, verteuern sich die Kosten von im Grunde preiswerten Plätzchen beträchtlich; durch Verzicht darauf können erhebliche Kosten gespart werden.

Diab: für Diabetiker geeignet.

	Seite	Teilmenge teilbar	Teig zum Tiefgefrieren geeignet	Gebäck zum Tiefgefrieren geeignet	Preisklasse
Amaretti	74	1/2	–	–	ØØØ
Amerikanerli	65	–	–	–	ØØØ
Ananas-Käsehörnchen	137	1/2	–	*	ØØØ
Anisbrötchen, Tiroler	35	1/2	–	*	ØØ
Anisplätzchen (Diab.)	127	–	–	*	ØØ
Baisers	66	1/2	–	–	Ø
Bärentatzen	62	1/2	–	*	ØØØ
Basler Braune	103	1/3	*	*	ØØØ
Bauernbrot	43	1/3	*	–	Ø
Baumkuchenwürfel	54	–	–	–	ØØØ
Berliner Brot	53	1/2	–	–	Ø
Blitzgebäck	52	1/2	–	*	ØØØ
Braune Kuchen, Hamburger	112	1/2	*	*	Ø
Bröselmakronen	19	–	–	–	ØØ
Butterbrot, Falsches	39	–	*	–	ØØØ
Butterkränzchen, Gespritzte	69	1/3	*	*	Ø
Butterplätzchen	89	–	*	*	Ø
Chräbeli, Schweizer	35	1/2	–	*	Ø
Christbaum-Pfefferkuchen	121	1/2	*	–	Ø
Dattelmakronen	18	–	–	–	ØØØ
Dominosteine	115	1/2	–	–	ØØØ
Edelpilztäschchen	138	1/2	–	*	ØØØ
Eigelbmakronen	62	–	–	*	ØØØ
Elisenlebkuchen	118	1/2	–	–	ØØ
Florentiner	24	1/2	–	–	ØØ
Florentiner mit Haferflocken	25	–	–	–	ØØØ
Früchtemakronen	21	–	–	–	ØØ
Gebäck, Linzer (Diab.)	128	–	–	*	ØØØ
Geleeherzen	100	–	*	–	ØØØ
Gewürzigel	83	1/2	*	*	ØØØ
Gewürzplätzchen (Diab.)	133	–	*	*	ØØ
Glatzköpfe	26	–	–	–	ØØØ
Gourgères	140	–	–	*	Ø
Haferflockenmakronen	23	–	–	*	Ø
Haferflockenplätzchen (Diab.)	128	–	–	*	ØØ
Haferflocken-Zitronenbusserln	26				
Haselnußbüschel	96	1/2	*	*	ØØ
Haselnußbusserln	18	–	–	–	ØØ
Haselnußlebkuchen, Feine	116	1/2	–	–	ØØØ
Haselnußschnitten, Schnelle	47	1/3	–	*	ØØ
Haselnußstangen, Pariser	97	–	*	–	Ø
Haselnußtaler (Diab.)	131	–	*	*	ØØØ
Haselnußtaler, Feine	34	1/2	*	*	Ø
Hefe-Weihnachtsgebäck	98	–	–	*	Ø
Heidesand	34	1/2	*	*	Ø
Honigbusserln, Nürnberger	83	–	*	*	ØØ
Honigkuchen auf dem Blech	117	1/3	–	*	ØØ
Honigkuchen, Gefüllter	114	1/2	–	–	ØØ
Husarenkrapferl	76	1/2	*	*	Ø
Ingwerherzen	101	–	*	–	ØØ
Ingwerküsse	29	–	–	–	ØØØ
Janhagel	52	–	–	*	Ø
Kakaoblumen, Gespritzte	69	1/3	*	*	Ø
Karameltaler	33	–	*	*	Ø
Karibikmakronen	20	–	–	–	ØØØ
Käsebällchen, Belgische	139	–	*	*	Ø
Käseschnecken	136	1/2	–	*	ØØ
Käsespiralen	136	1/2	–	*	ØØ
Käsewindbeutel, Mini-	140	1/2	–	*	Ø

	Seite	Teilmenge teilbar	Teig zum Tiefgefrieren geeignet	Gebäck zum Tiefgefrieren geeignet	Preisklasse
Katzenzungen	60	–	–	–	Ø
Kinderkekse	89	1/2	*	*	Ø
Knusperhäuschen	122	–	–	–	ØØ
Kokosmakronen	19	–	–	–	ØØ
Kokosmakronen (Diab.)	127	–	–	–	ØØØ
Kolatschen, Linzer	78	1/2	–	–	Ø
Kümmelbrötchen	137	1/3	–	*	ØØ
Lebkuchen, Nürnberger	118	1/2	–	–	Ø
Lebkuchen, Regensburger	119	–	–	–	ØØ
Lebkuchen, Weiße	116	–	–	–	Ø
Löffelbiskuits	65	–	–	*	ØØ
Mailänderli	94	1/3	*	*	Ø
Makronen, Tiroler	20	–	–	–	ØØ
Mandel-Mokkamakronen, Gespritzte	63	–	–	–	ØØØ
Mandel-»S«, Gespritzte	58	–	–	*	Ø
Mandelblättchen	39	1/2	–	*	Ø
Mandelblätterteig	107	–	*	*	Ø
Mandelblüten, Gespritzte	69	–	*	*	ØØ
Mandelbögen	28	1/3	–	–	ØØ
Mandelbrenten	107	–	–	*	ØØØ
Mandelbrezeln	72	1/3	*	*	Ø
Mandelbrot	42	1/3	*	*	Ø
Mandelbusserln	18	–	–	–	ØØ
Mandelhalbmonde	46	1/3	–	*	ØØ
Mandelkrokantguetzli	37	1/2	*	*	ØØØ
Mandelküsse	26	–	–	–	ØØØ
Mandelmürbeteig	89	–	*	*	ØØ
Mandelplätzchen (Diab.)	131	–	*	*	ØØØ
Mandelplätzchen ohne Zucker	94	–	*	*	Ø
Mandelringe (Diab.)	129	–	–	*	ØØ
Mandolinchen	107	–	*	*	ØØØ
Marmorröschen	60	–	–	*	Ø
Mohnblumen	95	–	*	–	ØØ
Mohnbrötchen	137	1/3	–	*	ØØ
Mohnkränzchen, Schlesische	61	–	*	*	Ø
Mohren, Weiße	82	1/2	*	–	ØØ
Mokkaplätzchen	29	–	–	–	ØØ
Mokkaschäumchen	67	–	–	–	ØØØ
Mürbeteigplätzchen	88	–	*	*	Ø
Muskeziner	51	1/2	–	–	ØØ
Non-Plus-Ultra (Diab.)	132	–	*	*	Ø
Nougatkipferl	85	–	*	*	ØØ
Nougattaler	41	1/2	*	*	ØØ
Nougattürmchen	93	–	–	–	ØØ
Nußbissen, Grenobler	97	–	*	–	ØØØ
Nußmakronen (Diab.)	126	–	–	–	ØØØ
Orangen- und Zitronenschnitten	48	1/2	–	–	Ø
Orangen-Schokoladenplätzchen	49	–	*	*	Ø
Orangenbrezeln	72	–	*	*	Ø
Orangenherzen	101	–	*	–	ØØ
Orangenlikör-Ringe	99	–	*	*	ØØ
Orangentäschchen	94	–	*	–	Ø
Paranußlaibchen	32	–	*	*	ØØØ
Pecantaler	32	–	*	*	ØØØ
Pfaffenhütchen	91	–	–	*	Ø
Pfeffernüsse, Spanische	113	1/2	*	*	ØØØ
Pinienküsse	81	–	–	–	ØØØ
Piniensterne	103	–	*	*	ØØØ
Pomeranzenbrötchen	34	1/2	*	*	Ø